Elogios para
TURBINE SEU MARKETING JÁ!

"Você poderia comprar apenas mais um livro chato de negócios, ou poderia comprar este livro: *Turbine seu marketing já!* irá ajudá-lo a ganhar mais atenção, leads, clientes, receita, lucro, fama, fortuna e felicidade. Mas só se você implementar a riqueza das ideias inteligentes de David, que estão esperando por você nestas páginas. Meu conselho? Turbine!"

JIM KURKAL, autor de *Attention: This book will make you money*

"*Turbine seu marketing já!* vai te dar atitudes, estratégias e ferramentas para traçar um plano mais inteligente de comercializar, vender e tornar-se mais bem-sucedido, a partir do momento que você começar a implementar as ideias de David. Você descobrirá uma abordagem de marketing mais rápida e simples que libertará seu verdadeiro potencial de negócios."

JOSE PALOMINO, autor de *Value prop* e
CEO da Value Prop Interactive

"*Turbine seu marketing já!* é um livro completo para o marketing eficaz; uma leitura divertida, com ideias, táticas, estratégias e exercícios que fará você ir além da sua concorrência."

MARK SANBORN, autor de
O factor Fred e *You don't need a title to be a leader*

"*Turbine seu marketing já!* é para todo o empreendedor, empresário e executivo que quer mais foco, mais força, mais clientes e mais negócios. Como David diz: 'Só uma ação cria resultados.' Agindo de acordo com as ideias deste livro seu negócio – e sua carreira – irão crescer e prosperar."

JEFFREY HAYZLETT, autor do best-seller
Running the gauntlet e *The mirror test*

"*Turbine seu marketing já!* apresenta ferramentas para que você se inspire, se informe e implemente novas ideias. Faça o que David mostra neste livro, e seu negócio vai imediatamente começar a atrair mais clientes, mais dinheiro e mais sucesso."

DR. JOE VITALE, autor de *Attractor factor*

"Os empresários necessitam de aconselhamento claro, orientado para a ação no desenvolvimento de um negócio, e é exatamente o que David oferece em *Turbine seu marketing já!*"

PAMELA SLIM, www.escapefromcubiclenation.com

"Em *Turbine seu marketing já!*, David Newman centra-se em uma verdade vital: é melhor trazer as pessoas até você do que ir até elas. Mais importante, ele mostra como se posicionar para ser um recurso valioso, com o intuito de atrair todo o seu mercado-alvo magneticamente para fazer negócios com você."

BOB BLY, autor de *Copywriter's handbook*

"Com *Turbine seu marketing já!* você não cai em truques, manipulação ou ludibriações de marketing da velha escola que pararam de funcionar anos atrás. Este é o manual de marketing que faltava para sua ascensão ao topo e seu sucesso duradouro nos negócios."

DAVID SITEMAN GARLAND, apresentador do programa "The rise to the top" e autor de *Smarter, faster, cheaper*

"Mergulhe no livro de David, e prepare-se para colher as pepitas de ouro de sabedoria do marketing. Em seguida, faça-me um grande favor, execute as ações; aplique-as em seu negócio, e experimente alguns resultados altamente rentáveis."

BOB BURG, coautor de *The Go-Giver*

"Você está pronto pra parar a perseguição? Está pronto para finalmente fazer seu negócio acontecer? *Turbine seu marketing já!* mostra as maneiras mais rápidos e eficientes, para que você alcance o patamar mais elevado, o seu mercado-alvo, e ganhar, assim, muito mais. David compartilha uma mina de ouro de ideias de marketing com alto impacto. Você vai tirar grandes benefícios deste livro. Eu garanto."

DAVID ROHLANDER, autor de *The CEO code*

"Se você é um empreendedor e odeia marketing, este é o livro que você precisa ler. Se você ama marketing, você também precisa lê-lo. David Newman escreveu um roteiro muito prático, provocativo, para qualquer um que quer construir ou remodelar seu negócio. O livro tem um foco obstinado sobre as lições que você pode aplicar imediatamente, embrulhado na voz única e irreverente de Newman, que o mantém divertido e envolvente. Se você está procurando algum guru da última moda do marketing, coloque este livro de lado imediatamente. Agora, se você está realmente comprometido em atrair mais clientes; pare de ler os depoimentos e compre agora o *Turbine seu marketing já!*"

DAVID A. FIELDS, autor de *The Executive's guide to consultants*

TURBINE SEU MARKETING JÁ!

DAVID NEWMAN

Dicas práticas e instantâneas para impulsionar vendas, maximizar lucros e driblar a concorrência

Zilhões de ideias inteligentes para turbinar seu negócio

Recheado de segredos para implementar já!

Prático e simples. Vai fazer você chegar lá!

M.Books do Brasil Editora Ltda.

Rua Jorge Americano, 61 - Alto da Lapa
05083-130 - São Paulo - SP - Telefones: (11) 3645-0409/(11) 3645-0410
Fax: (11) 3832-0335 - e-mail: vendas@mbooks.com.br
www.mbooks.com.br

Dados de Catalogação na Publicação

Newman, David
Turbine seu marketing já! / David Newman.
São Paulo – 2015 – M.Books do Brasil Editora Ltda.

1. Empreendedorismo 2. Vendas 3. Administração

ISBN: 978-85-7680-266-2

Do original: Do it! Marketing
Original publicado por Amacom
ISBN original: 978-0-81443-286-0

Editor: Milton Mira de Assumpção Filho

Tradução: Monica Rosemberg

Produção Editorial: Carolina Evangelista

Capa: Zuleika Iamashita

Editoração: Crontec

2015
M.Books do Brasil Editora Ltda.

SUMÁRIO

PRÓLOGO:
FAZER O MELHOR QUE PODE NÃO É SUFICIENTE

Encontro muitos pequenos empresários e profissionais QUE ESTÃO FAZENDO O MELHOR QUE PODEM.

Trabalham duro. Fazem contatos. Fazem *networking*. Procuram se tornar conhecidos. Coletam cartões de visita. Telefonam. Encontram pessoas.

E simplesmente não funciona.

A tal empresa próspera e lucrativa é puro fruto da imaginação, alimentada por dívidas excessivas no cartão de crédito, pelas economias para a aposentadoria ou por um fundo fiduciário do cônjuge.

Com muita frequência, as pessoas jogam a toalha em poucos anos. Não surpreende que o índice de fracasso de pequenas empresas, com até cinco anos de operação, é de colossais 80%.

Donald Trump disse bem: **"Não tem a ver com ganhar ou perder; tem a ver com ganhar."**

A seguir, estão as 10 principais razões para o fracasso do empreendedor, segundo minha experiência:

1. Entregar um produto ou serviço excelente, mas ser péssimo de marketing e vendas.
2. Não buscar o tipo certo de ajuda de marketing e vendas a tempo – ou nunca!
3. Não delegar ou contratar ajuda, em meio período que seja, para cuidar das "tarefas rotineiras de inteligência".
4. Não ter um plano/meta/visão/propósito de negócios em mente, incluindo *falhar em ter um plano para falhas!*

5. Não ter diferenciação – adotar o modelo "eu também". Aquele entediante "mais-do-mesmo".
6. Não se levar a sério (indicado por cartões de visita feitos em casa, website em uma plataforma gratuita, fazer economia em ninharias etc.)
7. Investir exageradamente nessas mesmas coisas – cartões de visita luxuosos, um website de 25 mil reais, publicidade exorbitantemente cara e muito ampla – e achar que isso é suficiente.
8. Falta de expertise e liderança nas ideias inovadoras em seu foco de marketing – tentar ser tudo para todas as pessoas. 
9. Deixar de desenvolver alianças (não pense que pode fazer tudo sozinho. Contrate as pessoas certas para fazer o trabalho, terceirize, ou faça uma parceria).
10. Subestimar o tempo e o dinheiro necessários para seu negócio crescer com sucesso (lembre-se, nem tudo vai funcionar logo na primeira vez. Ou na décima. Planeje experimentos, testes e milhares de pequenos ajustes ao longo do caminho).

Ninguém gosta de jogar a toalha.

Mas, não se iluda dizendo: "Fiz o melhor que pude."

A verdadeira questão é **"Você fez o que precisava ser feito?"**

Este livro é para aqueles que querem fazer o que precisa ser feito. Não é para inaptos ou inexperientes porque você não é nenhuma coisa nem outra. É uma obra para pessoas inteligentes, mas que buscam orientações, dicas e estratégias, insights, princípios e regras básicas para o sucesso – pessoas como VOCÊ.

Está pronto? Então vamos lá...

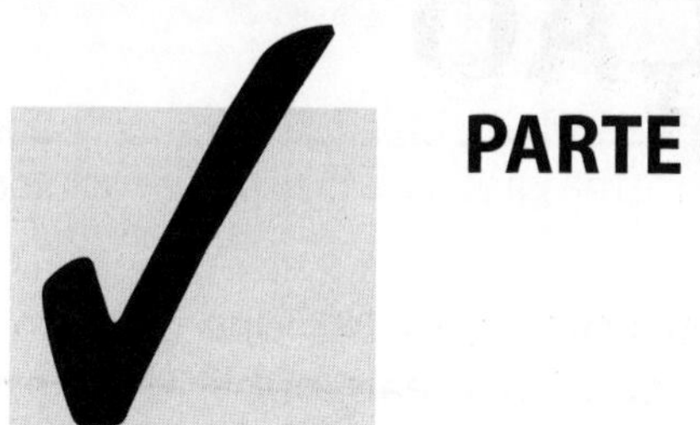

PARTE UM

O MARKETING FAZ DIFERENÇA

INTRODUÇÃO

Para profissionais e empresas competentes que querem se destacar na multidão...

Como **dono de uma pequena empresa, profissional autônomo ou executivo líder em pensamento** que está buscando se posicionar como especialista e maximizar sua visibilidade, credibilidade e magnetismo no marketing...

Esse é VOCÊ?

- **Você experimentou o fato** de que métodos usuais de desenvolvimento de negócios (*cold calls* aleatórios, e-mails *batch and blast*, comprar espaço publicitário e trabalhar duro para interromper estranhos) não funcionam mais e que **deve haver uma maneira melhor**.
- **Você quer ganhar mais atenção de seus clientes potenciais** posicionando-se como líder em pensamento e **executando** estratégias de marketing magnéticas que atraem (não que repelem) tomadores de decisão qualificados para seu mundo.
- Quando se trata de **posicionar a si mesmo** e a sua empresa como experts e **executar tarefas diárias de marketing** para fazer as coisas acontecerem, você sente que há **muito a fazer e que o tempo é insuficiente** e, às vezes, **você nem sabe direito por onde começar.**
- **Você gostaria de acabar com os altos e baixos de seu ciclo de receita "oito ou oitenta",** com táticas de marketing comprovadamente eficientes que geram uma visibilidade consistente e tornam você a escolha óbvia para seu mercado-alvo.
- **Você quer vencer a concorrência por sua sagacidade, posicionamento e competência** para parar com o "marketing acidental", e não ter, simplesmente, de aceitar qualquer negócio que caia em seu colo.

O marketing para pequenas empresas não é um mistério. É apenas uma série de decisões simples – e de ações para implementar tais decisões – que lhe ajudam a recuperar a clareza, a confiança e o controle que precisa para alcançar níveis mais altos de sucesso.

Se você e sua empresa estão prontos para vencer a concorrência, estão no lugar certo. **Prenda o cinto, segure firme e vamos lá!**

1 PARE DE JOGAR DINHEIRO NO "BURACO NEGRO" DO MARKETING

Um executivo de autoridade examina você a partir da propaganda na revista.

O corpo do anúncio diz:

Não sei quem é você.
Não sei quem é sua empresa.
Não sei o que sua empresa produz.
Não sei qual é o propósito da sua empresa.
Não sei quem são os clientes da sua empresa.
Não sei qual é o histórico da sua empresa.
Não sei qual é a reputação da sua empresa.
Mas, o que é mesmo que você queria me vender?

Este anúncio foi publicado pela primeira vez na *Businessweek*, em 1958. E sua mensagem é ainda mais relevante hoje: você deve construir relacionamentos antes de vender.

Se você está investindo em um marketing de conselheiro de confiança (também conhecido por vários outros nomes como **"marketing de atração" – *inbound* marketing –**, "**marketing de liderança de pensamento"**, "**marketing de conteúdo"**), então, provavelmente, já se perguntou: "Como (e quando) isso vai gerar uma venda?"

Pois é, essa é a pergunta errada de se fazer.

Quando terminar de ler este livro, você verá exatamente o por quê e poderá fazer (e responder) perguntas muito melhores para expandir sua empresa agora.

INTERROMPEMOS COM UMA BREVE METÁFORA

Perguntar quando seu marketing levará a uma venda é como colocar combustível no carro perguntando: "Por que ainda não chegamos lá?"

Resposta: Porque colocar combustível no carro é necessário, mas não é suficiente para chegar a seu destino (um novo cliente).

O marketing é apenas o primeiro passo, mas não deixa de ser um passo vital para seu sucesso. Coloque da seguinte maneira:

Você tem chance de chegar a seu destino agora que o tanque está cheio? **Com certeza.**

Você tinha chance de chegar lá com o tanque vazio? **De jeito nenhum.**

Vamos em frente...

INSIGHT 1: VOCÊ PRECISA VENDER DA MESMA MANEIRA QUE COMPRA.

Veja a caixa de spam em seu e-mail. Sim, você. Isso mesmo, agora.

Eu espero...

Você voltou. Ótimo.

Você viu aquele e-mail da empresa de toners e cartuchos? Você viu a propaganda daquela empresa de otimização de mecanismos de busca que preencheu o formulário de contato em seu site? Você respondeu àquela excelente promoção de cruzeiros marítimos? Não?

Ok. Agora passe para a pilha de cartas em sua mesa. Você checou a nova oferta de seu amistoso provedor de TV a cabo? E aquela oferta atraente da companhia de celular? E da assinatura do jornal? E os inúmeros folhetos? Não?

Quando foi a última vez que você deu o número de seu cartão de crédito em uma *cold call* que interrompeu seu jantar familiar? NUNCA?

Estou chocado!

Mas, você parece bastante empolgado com as *cold calls* que VOCÊ faz, com os spams que VOCÊ envia, com SUAS ofertas, SEUS folhetos e SUAS mensagens de venda.

O problema em fazer isso dessa maneira? Em poucas palavras: **Valor Zero Para Seu Cliente Potencial.**

E *hello!* Você NÃO compra assim.

O que faz você pensar que seus clientes comprariam?

Veja novamente o anúncio no início do capítulo, e responda a pergunta a seguir:

Pergunta 1: Que VALOR eu AGREGUEI ao mundo de meu cliente potencial para GANHAR o DIREITO de convidá-lo para uma conversa e OFERECER minhas soluções para os problemas, preocupações e desafios dele?

INSIGHT 2: CLIENTES INDICADOS FAZEM DIFERENÇA... MAS ELES NÃO SÃO CEGOS, SURDOS OU MUDOS.

A próxima coisa que você me dirá é que não precisa de marketing porque **99% de seus negócios vêm de repetições e recomendações**, e sempre foi assim. Você não vê como um modismo do marketing vai pender a balança para mais vendas.

Você acredita seriamente que os clientes por recomendação não checam você on-line antes de pegar no telefone? Que mensagem você está mandando para seus inestimáveis indicados com:

- **Seu website desatualizado.** Amigos, artigos de três anos atrás estão desatualizados. E de 2005, ainda mais. E um design de 1998 pior de tudo.
- **Seu blog atualizado esporadicamente.** Aquele que você deixa em *stand by* por dois (ou quatro, ou seis) meses em um determinado evento?
- **Sua conta abandonada no Twitter,** que criou porque alguém disse que você precisava? Agora ela tem 87 seguidores enquanto seus concorrentes têm cinco mil (ou bem mais).
- **Seu perfil superficial e básico no LinkedIn,** que tem 200 contatos e apenas duas recomendações?
- **Seus artigos dos "dias de glória", comerciais na TV e inserções de RP** de vinte (sim, estou falando sério), dez ou até mesmo cinco anos atrás. Nada grita mais "já era" do que mídia antiga.

Não se iluda: negócios por recomendação e repetição são ótimos. Mas, não acredite que isso isenta você de ter uma presença de alta qualidade na web, uma plataforma de mídia social e um contexto ultra-atual, super-relevante e obviamente abundante.

Na verdade, você está se expondo ao CONSTRANGIMENTO caso seus apoiadores ouvirem os comentários sobre sua recomendação e se virem na desagradável posição de ter de defender sua plataforma de marketing desatualizada, que agora coloca em dúvida sua expertise profissional.

Pergunta 2: **Minha presença on-line CONFIRMA e REFORÇA as recomendações que recebo? Ela contém as mensagens de marketing mais atuais, críveis e relevantes, o posicionamento, conteúdo, recursos e o valor que farão meus apoiadores saírem "BEM NA FOTO" – não mal – por me indicarem?**

INSIGHT 3: UM MARKETING DE CONSELHEIRO DE CONFIANÇA É UMA BELA PANQUECA DE QUATRO CAMADAS.

E você não chega ao delicioso queijo gratinado sem antes dispor as camadas de carne! Eis, a seguir, o que "quatro camadas" significa:

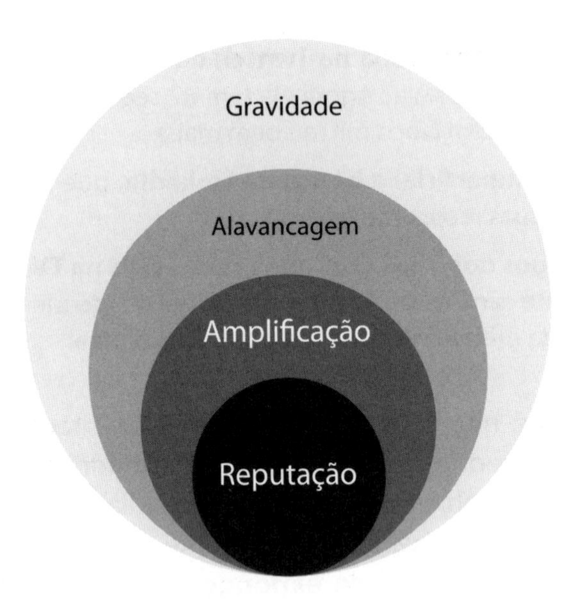

1. **A primeira camada – o cerne – é sua Reputação.** Seu trabalho. Seu histórico. Mas, se você parar aí, terá MUITA dificuldade em atrair para sua porta NOVOS leads e clientes potenciais. "Meu trabalho deve falar por si próprio" é o que muitas pessoas inteligentes dizem – pessoas inteligentes que têm dificuldade de pagar as prestações da casa própria.
2. **A segunda camada é a Amplificação.** Maneiras de tornar seu sinal mais forte. Entram aqui, marketing em redes sociais, RP de nicho, artigos de marketing *(article marketing)*, blogs, pesquisa por palavra-chave e otimização de motores de busca. É a ação principal para disseminar suas ideias e transmitir sua expertise.
3. **A terceira camada é a Alavancagem.** É aqui que você começa a capitalizar seus ativos de conselheiro de confiança tais como artigos, blogs, vídeos, *podcasts,* entrevistas, informati-

vos, relatórios especiais, excertos de livros ou outras valiosas ferramentas de marketing. Você agora pode alcançar clientes altamente potencias tanto individualmente (no Linkedln, por exemplo) e/ou coletivamente (em seu blog ou outros lugares). É aqui que seu trabalho se torna colocar a isca certa no anzol certo, no lago certo para fisgar o peixe certo.

4. **A quarta camada é a Gravidade.** É como o conceito de "marketing de impulso" (*flywheel marketing*) descrito por Jim Collins em seu livro *Empresas feitas para vencer: good to great*, os negócios são como uma roda que precisa de um impulso e um tempo para começar a girar, mas que depois se torna difícil de parar devido à força deste *momentum*. É aqui que você começa ver as recompensas: mais leads, melhores clientes potenciais, maiores oportunidades, mais conversas, parcerias superiores, mais convites para falar, publicar, escrever um *guest post*, contribuir e ensinar e [rufem os tambores, por favor] mais convites para um trabalho excepcional com honorários *premium* para clientes excepcionais que AGORA o conhecem, gostam e confiam em você o bastante para lhe entregarem cheques na casa de cinco ou seis dígitos porque **o nível de confiança deles em sua expertise está bem próximo a 100%.**

Pergunta 3: Você quer vender mais para estranhos? (Boa sorte com isso!) Ou quer realmente que mais pessoas o reconheçam, respeitem e procurem VOCÊ pelo SEU nome quando tiverem uma necessidade, um projeto ou problema? Se este é seu objetivo, então o marketing de conselheiro de confiança é para você.

Releia o anúncio no começo do capítulo e façamos uma atualização dele para o século XXI.

- *Não sei quem é você.*
- *Não leio seu blog. Não assino sua* newsletter.
- *Não vejo seu nome nas publicações do meu setor.*
- *Não escuto meus pares difundindo suas ideias.*
- *Não encontro seu conteúdo em minhas pesquisas no Google.*
- *Não conecto suas soluções a meus problemas.*
- *Não sinto a força da gravidade de sua credibilidade ou credenciais.*
- *Não tenho nenhuma forma tangível de avaliar sua expertise ou experiência.*
- *Mas, o que é mesmo que você queria me vender?*

Então, eis a pergunta derradeira (e mais importante) para VOCÊ:

Como você pode esperar, realisticamente, VENDER alguma coisa SEM primeiro definir as condições prévias necessárias para QUALQUER venda com marketing de conselheiro de confiança?

A resposta é simples e óbvia: não pode. Assim como não pode guiar de Denver até Sheboygan sem primeiro encher o tanque do carro.

Só então você pode se sentar ao volante, usar o GPS, planejar sua rota, acrescentar mais combustível ao longo do caminho (e provavelmente mais alguns comes e bebes) **e** contabilizar o tempo e a distância para chegar a seu destino.

Ninguém – repito NINGUÉM – contrata representantes, fornecedores ou empresas de serviços profissionais às cegas. Você não faria isso. Nem eu.

E os fatos provam que os compradores atuais são exatamente como VOCÊ e EU. O tipo de marketing que exploraremos neste livro – marketing de conselheiro de confiança – é uma maratona, não uma corrida de curta distância. E, como qualquer maratonista dirá: a melhor (e única) maneira de correr uma maratona é um quilômetro por vez.

Em sua marca... Preparar... **JÁ!**

2 DETERMINE QUEM, DEPOIS POR QUE E POR ÚLTIMO QUAL

- Qual deve ser o nome da minha empresa?
- Qual é o melhor título para a página na web?
- Quais são as melhores palavras para nosso roteiro de telemarketing?
- Qual deve ser minha resposta quando as pessoas me perguntam: "Então, o que você faz?"
- Qual deve ser o conteúdo da minha carta de promoção de vendas?

"Qual? Qual? Qual?" Deve se tornar: "Espere! Espere! Espere!"

Você está desperdiçando seu tempo. De verdade.

"Qual?" é a pergunta errada.

Mais especificamente, é a **PRIMEIRA pergunta errada** quando se trata de seu marketing.

Vamos resumir isso em um exercício muito simples. Imagine, por um momento, que eu lhe peça para pegar uma folha de papel e escrever uma carta.

Você faz isso, e, com uma caneta na mão, se depara fitando uma folha de papel em branco. No canto superior esquerdo você escreve a palavra "Caro(a)", e depois para.

Antes de conseguir prosseguir em sua tarefa, você precisa me perguntar PARA QUEM é a carta. Para uma autoridade? Para o primo Marvin que mora em outro estado? Para uma amiga do tempo da escola? Faz diferença, não é?

A tarefa fica mais interessante quando lhe digo que a carta é para sua tia Sally. (Você pode me ajudar, e fingir que realmente tem uma querida e velhinha tia Sally!)

Você completa o início de sua carta com "Cara tia Sally." Tudo vai bem até aqui.

Sua próxima pergunta pode ser POR QUE você está escrevendo para tia Sally? É para saber se ela está bem de saúde? Para pedir a receita daquela deliciosa torta de maçã? Ou para agradecer pelas meias maravilhosas de losangos, estilo Argyle, que ela lhe deu de Natal?

Digamos que seja para pedir a ela aquela receita "segredo de família" de torta de maçã.

Agora que já respondeu as questões QUEM? e POR QUE?, você gostaria de se ocupar escrevendo uma carta convidativa, rápida e fácil, sem perguntas adicionais.

Veja todas as coisas com que NÃO precisaria se preocupar:

- O que vou dizer?
- Como devo dizer?
- Quais palavras devo usar?
- Quais palavras devo evitar?
- Será que ela vai gostar da carta?
- Será que vai responder?
- Inquietação, inquietação, inquietação...
- Preocupação, preocupação, preocupação...

Você vai simplesmente escrever uma carta, conseguir a receita e ter um excelente relacionamento com sua querida tia Sally. E a razão para isso é que **você se conectou com ela com entusiasmo e autenticidade para um propósito específico que a fez se sentir prestigiada, valorizada, especial e importante para você.**

Você já ligou os pontos? É assim que o marketing deve funcionar também.

Defina com QUEM você vai falar, FALE com eles por um motivo BOM, ESPECÍFICO e RELEVANTE, entendendo quem são e o que é importante para ELES. Faça apenas isso, e de cara se sairá melhor que todos os redatores profissionais e agências de publicidade.

PARTE DOIS

TEM A VER COM ELES, MESMO!

3 QUEM É VOCÊ?

Esta parte do livro tem como título "Tem a ver com eles, mesmo". Então, por que o primeiro capítulo se chama "Quem é você?" Porque toda liderança é autoliderança. Todo conhecimento é autoconhecimento.

Te peguei! ISSO foi "besteirol" filosófico. Todo cuidado é pouco ao ler estas obras sobre negócios. Fique atento!

Para que você obtenha o sucesso que merece em seu negócio – para que possa ajudá-los, oferecer-lhes suporte e vender para eles – primeiro é preciso saber o que VOCÊ quer. É necessário saber quem você é, para onde vai e como chegará lá.

Primeiro reflita e tome algumas decisões sobre **seus modelos: de negócios, de receita e de entrega.**

Quando tiver tudo isso definido poderá se concentrar em sua expertise e planejar o que pode oferecer.

Este é um exercício de reflexão, escrita e estratégia.

Reserve de duas a três horas para este trabalho. Pode ser que leve menos tempo, caso você já tenha decidido sobre algumas coisas, mas não deve levar mais que isso.

Feche o e-mail, desligue o telefone. Concentre-se em intervalos de 30 a 60 minutos nas perguntas a seguir, e sobre como respondê-las.

As respostas não precisam ser longas, geralmente palavras-chave ou frases curtas já são suficientes. Esse trabalho tem um foco interior, portanto utilize a abordagem que for de maior ajuda para VOCÊ.

Veja como começar.

Dedique algum tempo para responder as perguntas a seguir ou faça apenas algumas anotações para reflexão futura. Complete este exercício agora, e você conseguirá esclarecer aquelas GRANDES dúvidas e estará pronto para tomar boas decisões sobre o direcionamento futuro de seu marketing e de seu negócio.

Eis as questões:

Modelo de Negócios

Você está criando:

- ❖ Uma organização (funcionários, força de vendas, escritórios etc.)?
- ❖ Um serviço profissional (autônomo, sem funcionários, trabalhando em casa etc.)?
- ❖ Uma consultoria baseada em projeto (uma cooperativa de pessoas e recursos)?
- ❖ Nenhuma das anteriores? Anote suas ideias.

Modelo de Receita

Como você quer ganhar dinheiro?
Quanto e de que fontes?

Você quer uma renda ativa?

- ❖ Vendendo produtos.
- ❖ Vendendo serviços.
- ❖ Vendendo expertise.
- ❖ Projetos de curto prazo (menos de um mês).
- ❖ Projetos de médio prazo (de um a três meses).
- ❖ Projetos de longo prazo (de três meses a um ano ou mais).

Você quer uma renda passiva?

- ❖ Associação e subscrição.
- ❖ Produtos ligados à informação (e-books, áudios, vídeos, recursos on--line).
- ❖ Programas de afiliação.
- ❖ Comissão por recomendações.
- ❖ Licenciamento.
- ❖ O que mais?

Modelo de Entrega

Como você entregará seus produtos, serviços e valor para seu consumidor final?

Você quer um foco baseado em geografia?

- Local.
- Regional.
- Nacional.
- Internacional.

Você quer um foco baseado em método?

- Pessoalmente.
- Virtualmente (e-mail, telefone, web).
- Varejo.
- Atacado.
- Franquias.
- Revendedores.
- Distribuidores.
- Representantes independentes.

Você quer um foco baseado em determinados mercados?

- *Business to business.*
- *Business to consumer.*
- Em um setor específico.
- De um tamanho específico (por receita anual, número de funcionários, número de localidades).

4 PELO QUE VOCÊ DESEJA SER *CONHECIDO?*

Você deve responder esta pergunta-chave para poder construir uma base sólida sobre a qual seu negócio irá operar, distinguir-se e prosperar.

Considere as seguintes companhias e marcas e preencha os espaços em branco respondendo à pergunta: "Pelo que elas são CONHECIDAS?"

Dica: sua resposta, em geral, será uma única palavra ou conceito que lhe vier à mente no instante (e, em 99,44% das vezes, será a resposta certa!)

Walmart: ______________________________.
Volvo: ______________________________.
Kalunga: ______________________________.
Apple: ______________________________.
BMW: ______________________________.

Obviamente, estas grandes corporações tiveram um orçamento muito maior e uma janela de tempo bem mais ampla que a sua para estabelecer em suas posições no mercado.

Você não tem nem bilhões de reais nem décadas à disposição. Então, para você, o próximo exercício é ainda mais importante.

Precisa estabelecer RÁPIDA e CLARAMENTE uma posição sólida em seu mercado-alvo, construir sua mensagem com consistência inabalável e entregar o que promete.

Mas, de que forma você decide como gostaria de ser conhecido?

E, como você começa a construir sua visibilidade e credibilidade para que as pessoas que quer alcançar como potenciais clientes e consumidores tenham a oportunidade de comprar seu produto?

A resposta: você precisa estabelecer sua Plataforma de Liderança de Pensamento. No nível básico, ela é simplesmente uma coletânea de conceitos, métodos, declarações e princípios por meio dos quais você entrega seus produtos e serviços. Outra forma de ver isso é como sendo sua filosofia operacional.

CINCO ASPECTOS ESSENCIAIS PARA DESENVOLVER SUA PLATAFORMA DE LIDERANÇA DE PENSAMENTO

1. **Comece com o que já sabe.** Examine sua formação, experiência, paixões e competências.
2. **Associe a um problema comum, desafio permanente ou uma tendência em crescimento.** Por exemplo, ajudar seus clientes a melhorar as vendas é sempre algo forte; da mesma forma, auxiliá-los a melhorar o desempenho e a produtividade é sempre algo forte. Evite modismos ou expertises não transferíveis.
3. **Descubra o que seus clientes potenciais JÁ estão comprando e posicione suas soluções na mesma categoria.** Em quais produto ou serviços eles já investem dinheiro e que acreditam ou esperam que solucione os mesmos problemas que seu produto ou serviço soluciona?

   Por exemplo, uma empresa de *webdesign* pode se especializar em um setor que está acostumado com (ou viciado em) anúncios nas *Páginas Amarelas* "porque você sempre comprou espaço publicitário". Não critique seu cliente potencial; mostre a ele como um site repaginado "é exatamente como um anúncio nas *Páginas Amarelas,* exceto que está inserido na web e é muito mais eficiente em capturar leads e convertê-las em vendas".

4. **Faça um teste informal de mercado de suas novas mensagens, princípios e posição** com amigos, funcionários, parceiros e consultores de confiança. Sua nova Plataforma de Liderança de Pensamento faz sentido para eles? Eles gostaram dela? Ela reflete a atual realidade de como você faz negócios? Por exemplo, quando comecei nossa empresa de marketing em liderança de pensamento não queria que cobrássemos por hora. Um de nossos princípios era: "ao contrário de muitas outras empresas, estamos comprometidos a levá-lo a seu destino, não em ligar o taxímetro!" Um de nossos slogans no começo era "Honorários fixos. Sem surpresas. Apenas resultados." Quando testei essas frases com as pessoas em que confiava, seus rostos se iluminaram e elas entenderam imediatamente. Você podia perceber isso na linguagem corporal delas. Esse é o tipo de reação que VOCÊ vai querer ver quando testar a sua.
5. **Ligue para ou encontre-se com alguns de seus compradores atuais** e veja qual é a reação deles (seus contatos no setor, clientes, ex-clientes e clientes potenciais). E não, isso não é tática de vendas. Você ESTÁ simplesmente pondo em prática novas ideias por meio deles.

Se você não se sente confortável com esta abordagem porque lhe parece demais pedir um favor (respire fundo!), então pode tentar a técnica reversa. Diga que teve algumas ideias novas e que gostaria da ajuda deles para ver se "são 'furadas' e se você deixou passar algo". As pessoas adoram destruir ideias (triste, mas verdadeiro).

A única coisa que você não vai contar para eles é que no processo de verificação de "furadas" em sua Plataforma de Liderança de Pensamento eles, na realidade, estão ajudando a torná-la à prova de balas!

5 QUEM SÃO ELES?

Nas seções anteriores, você focou em identificar seus modelos de negócio, receita e entrega. Também passou algum tempo desenvolvendo sua Plataforma de Liderança de Pensamento inicial.

Vamos juntar os pontos entre quem você é (e o que você faz) e o grupo de pessoas (compradores, clientes, públicos) a quem você deseja atender. Isso se chama "marketing *buyer persona*" (*buyer persona* é o personagem que representa seu cliente ideal).

Mas, antes de se aprofundar, existe uma suposição perigosa que você deve abordar.

Marketing *buyer persona* **não** tem a ver com conhecer seus consumidores ou com o que eles gostam de comprar. É muito mais que isso. Está relacionado a entrar na cabeça dos clientes para entender a fundo o que os estimula emocionalmente.

Muitos de meus clientes de marketing em liderança de pensamento alegam conhecer seus clientes, no entanto, **não exploraram de fato toda a profundidade e o poder** do marketing *buyer persona.*

Quando terminar este capítulo, você terá seus próprios óculos de visão raio-x. Será capaz de se conectar em um nível muito mais profundo com seus melhores clientes potenciais para poder vender mais, com mais facilidade e mais frequência.

A dura verdade: você ficará empacado na segunda divisão do marketing até perceber que, para conhecer seu consumidor, precisa primeiro criar um arquétipo de comprador (será que vou ganhar uns centavos a mais por usar esta palavra sofisticada? Já sabia que não.)

O processo é mais fácil do que parece. Seu ponto de partida será reunir a maior quantidade de informações possível sobre seus consumidores e clientes potenciais. E não se esqueça de usar o que já aprendeu das dezenas (ou mais, provavelmente centenas) de conversas anteriores que teve com as pessoas que compraram – e, talvez mais importante, com as pessoas que não compraram de você.

Você está em busca da pessoa como um todo: no aspecto intelectual, emocional, físico e psicológico. Quando começar a entender a fundo as motivações psicológicas e os gatilhos emocionais que estimulam seus clientes a comprarem um determinado produto ou serviço, poderá comercializá-los de uma forma muito mais eficiente e que colocará você quilômetros à frente da concorrência.

Entender seus compradores é parecido com abrir um aparelho eletrônico para ver como ele funciona.

Primeiro, você precisa saber que problemas seus compradores estão experimentando diariamente e como eles priorizam seu tempo, energia e dinheiro para encontrar soluções.

Seu produto ou serviço deve proporcionar alívio emocional para um ou mais desses problemas. Resumindo, o comprador deve PRECISAR do que você está oferecendo, segundo um ponto de vista **emocional** e, então, irá justificar a compra **racionalmente** após o fato (os seres humanos são capazes de racionalizar praticamente qualquer comportamento se este gerar uma recompensa emocional!)

Segundo, procure identificar as recompensas obtidas pelos clientes na compra de seu produto. Isso remonta à gratificação emocional, mas tente entender exatamente o que seu comprador ganha, em um nível elementar, com seu produto. Isso vai ajudar você a oferecer esta recompensa e fechar a lacuna emocional de seu cliente potencial.

Assim como considera as recompensas, considere também, sob o ponto de vista do cliente, as barreiras para o sucesso ou os obstáculos para alcançar essa gratificação.

Você precisa entender o processo lógico que o cliente usa para **justificar a resposta emocional de comprar ou não** de você.

Quando constrói um modelo para vencer essas barreiras, seu produto (ou serviço) tem muito mais chance de se vender com pouca ou nenhuma resistência do cliente.

Terceiro, é crucial entender o processo de compra que seus consumidores típicos usam. Você precisa entender bem **cada passo** da justificativa emocional e racional que eles utilizam para colocar seu produto na vida deles.

Por exemplo, **eles relacionam outros produtos ao seu** para saber qual vai oferecer a melhor recompensa? Neste caso, você precisa compreender com quais alternativas eles estão comparando a sua. É importante alinhar as informações de seu marketing com o que os clientes consideram ao checar informações, e paralelamente construir uma conexão emocional com o problema que seu produto pretende solucionar para eles em uma base diária.

O que nos leva ao quarto aspecto: sua análise competitiva. Isso se resume a uma resposta simples para uma pergunta simples: como, exatamente, seu produto se compara com os outros sob os pontos de vista dos **critérios que seus clientes desenvolvem para ajudá-los a tomar uma decisão?**

O quinto, consiste das conversas pessoais. A forma mais rápida, fácil e mais prazerosa de descobrir tudo isso é ENGAJAR sua base de clientes em um diálogo, em tempo real.

Sim, estou falando de conversas pessoais, seja por telefone ou frente a frente.

Pense sobre sentar-se - ao menos uma vez por mês - para conversar com seus melhores clientes ou com clientes potenciais em um café da manhã, almoço ou um café no fim de tarde. Não pode fazer pessoalmente? Use o telefone ou o Skype, e leve-os para um almoço virtual ou um café virtual. As sessões não devem levar mais que 30 minutos e ambos se beneficiarão enormemente.

Por que? **Porque você conhecerá em primeira mão o caminho direto para os valores, interesses e gatilhos emocionais deles,** e ouvirá tudo isso nas PALAVRAS UTILIZADAS POR SEUS CLIENTES.

Use essa linguagem em seu marketing porque a chance de reverberar com outras pessoas como eles é muito maior!

Quando você começa a se sintonizar com seus compradores em um nível mais profundo e pessoal - e sincronizar com a forma como eles tomam decisões de compra - está no caminho para um marketing eficiente e interessante que atrairá clientes como um imã.

6 LEVE UM BALDE

O especialista em liderança e vendas Stewart Bolno gosta de dizer que os melhores vendedores sempre "levam um balde, não um microfone". O que ele está dizendo é que você precisa **coletar** informações muito mais que **fornecer**.

Portanto, ouça com atenção, tome notas cuidadosamente, faça perguntas mais inteligentes e realmente absorva o que é verbalizado e o que não é verbalizado na conversa de vendas que tem com um cliente de carne e osso.

Como esses diálogos ocorrem cada vez menos e mais esporadicamente, você precisa maximizar a atenção e o cuidado que dedica a cada um deles! Em cada situação, você deve ouvir o que as pessoas referem como suas(seus):

- prioridades;
- pretensões;
- medos;
- preocupações;
- requisitos;
- pressões;
- desejos;
- contingências;
- alternativas;
- relacionamentos;
- esperanças;
- sonhos;
- aspirações.

E isso vai muito além dos conselhos tradicionais e breves para qualificar os clientes por:

- necessidades;
- orçamento;
- autoridade.

Veja o exemplo de uma ótima pergunta: **quais são suas prioridades quando examina um produto/serviço como o meu?**

Dica final de Stew Bolno: se eles responderem, "B, 47 e cangurus", então NÃO fale sobre "A, 21 e búfalos". Simplesmente pergunte: **"Sobre o que deseja falar primeiro?"**

7 BAMBOLÊ E KI-SUCO

Imagine por um momento que você está com um problema de saúde que não só é grave, mas pode, de fato, vir a ser uma ameaça de morte.

Você toma o primeiro voo para aquela clínica internacionalmente reconhecida especializada na cura desta, e somente desta, enfermidade.

Você atravessa o hall e fala com aquela atendente, com ar profissional, no balcão.

Você aguarda em uma área de recepção moderna, onde os telefones tocam baixo e os pacientes entram e saem do setor de consultórios. Parece que ninguém fica esperando por mais de 15 minutos.

Antes que você imagina, seu nome é chamado para a consulta com um médico. Seu coração bate acelerado, as palmas das mãos estão suadas. Não existe uma maneira delicada de dizer isso: sua vida está em risco e você está se colocando nas mãos de um especialista que está prestes a determinar seu destino.

Após uma breve, porém minuciosa análise, e depois de estudar seu histórico e o resultado de seus exames, o médico olha para você e diz: "Pode relaxar. Você vai ficar totalmente curado. Tudo o que precisa fazer é seguir um tratamento simples de dois passos e vai ficar novo em folha. E quando terminar o tratamento essa doença terá ido embora para sempre."

Pare o filme!

Pergunta: **você pretende seguir o tratamento que o médico vai prescrever?** Se for cirurgia? Comprimidos? Exercícios? Terapia física? Radiação?

E, se o tratamento simples de dois passos for o seguinte: "Para se curar da enfermidade com risco de morte, você precisa ir imediatamente até o estacionamento da clínica e rebolar com um bambolê. Depois você precisa tomar 2 litros de Ki-Suco sabor cereja."

Se você for como a maioria das pessoas para quem faço esta pergunta em meus seminários do livro *Turbine seu marketing já!*, não hesitaria, nem por um minuto, em rebolar com um bambolê e tomar essa deliciosa e refrescante bebida.

Por que?

Porque é a CURA. Resolve seu PROBLEMA.

No final das contas, na realidade, você não se importa com o QUE precisa fazer. Você simplesmente quer fazer isso para se beneficiar do resultado final, neste caso, evitar a morte.

Lição de marketing: ninguém se importa com o seu COMO.

Suas avaliações, sua metodologia, seu processo de 17 passos patenteado, seu ingrediente secreto, sua tecnologia proprietária...

Isso é simplesmente ruído. Curiosamente, quanto mais você vende seu COMO, mas se parece com qualquer outro concorrente. Você perde singularidade, em vez de adquiri-la.

O PORQUÊ, nesta história, é simples: para salvar sua vida. O COMO não importa nem um pouco. Comprimidos, pós, fórmula patenteada feita de pelo de Golden Retreiver importado do Canadá – você realmente se importa? Beber Ki-Suco®, Tang®, ou leite coalhado? Com certeza. Qualquer coisa. **Só passe o copo!**

REVEJA SEU MATERIAL DE MARKETING

É hora de remover SEUS anúncios, o texto promocional de seu site, seus e-mails. Você gasta aqueles poucos segundos preciosos com seu cliente potencial falando sobre SEU "Como" (seus métodos, informações, abordagens) ou falando sobre o "Por que" DELES (necessidades, resultados, desejos)?

Então, pare de falar sobre rebolar no estacionamento e beber sucos em pó. No espaço abaixo, comece a falar sobre salvar a vida dos clientes e melhorar o trabalho deles das formas que sejam significativas para ELES:

Antes:

____

____

____

____

Depois:

____

____

____

____

8 EVITE O MARKETING BLÁ-BLÁ-BLÁ

Triste dizer, mas grande parte do marketing é blá-blá-blá. É algo como: "Somos os melhores. Nosso serviço é excelente. Somos confiáveis. Oferecemos valor excepcional. Veja nossa seleção diversificada, nossos preços competitivos e o toque pessoal que você espera." Blá-blá-blá. Isso é muito VOCÊ e nem um pouco EU.

Você ME conhece? Conhece o SEU cliente? O cara com o dinheiro e com os problemas que você talvez consiga resolver? E os amigos que poderei indicar para você? Cheguei a mencionar que também sou o cara que em breve estará no mercado de seu produto ou serviço específico? **Onde está todo o material sobre mim?**

Eis a questão: o bom marketing NÃO tem a ver com seu negócio! Tem sim, relação com como seu negócio é diferente, valioso e significativo para os clientes. Tem a ver com *por que* as pessoas querem fazer negócio com você – e **SÓ** com você – porque você é o especialista em seu campo. Transmita esta mensagem eficientemente e NÃO precisará trabalhar com clientes circunstanciais que são difíceis de lidar e que vão embora no minuto em que veem um preço menor.

TURBINE! TRÊS TESTES PARA APLICAR SEU MARKETING

1. **Teste às Cegas:** coloque um de seus anúncios (ou páginas web ou folhetos ou peças promocionais) lado a lado com os de seu concorrente. Agora esconda os dois nomes. Seu material poderia ser confundido com o de outra empresa? Você poderia simplesmente remover o nome do concorrente e colar o seu no material dele? Seus clientes potenciais poderiam não notar a diferença? Neste caso, seu marketing é do tipo blá-blá-blá.

2. **Teste do "E daí?":** examine as alegações em seu material de marketing. Para cada argumento, você consegue dar uma resposta atraente e com valor para a pergunta "E daí?"

3. **Teste do Prove:** os clientes pressupõem que todos os marqueteiros são mentirosos. Você consegue provar cada uma de suas alegações? Como? Você tem testemunhos, provas de terceiros ou fatos verificáveis?

9 PARE DE VENDER AÇÚCAR

Um dos meus clientes trabalha com crédito empresarial em uma instituição financeira local. Durante um seminário de marketing que ele participou, logo no início de nosso relacionamento, falávamos sobre descobrir o que os clientes dele realmente desejavam e como criar pacotes e posicionar as ofertas do banco enquadradas na mira desses desejos. A certa altura, ele exclamou um tanto frustrado: "Mas David, o problema é que eu vendo açúcar!"

Voltei-me para os demais do grupo e perguntei: "O que está errado nesta visão?"

Todos concordaram que se este gerente pensa que está vendendo açúcar (uma commodity onde tudo o que importa é preço, preço, preço), então vai afundar. Fim da história.

Para tornar suas mensagens de marketing cativantes você precisa voltar ao primeiro quadro e responder algumas perguntas difíceis.

Obviamente, se você e seu pessoal acreditam que estão vendendo açúcar, o quanto eficientes podem ser para seus consumidores e clientes potenciais ao articularem as vantagens atraentes de fazer negócios com você?

TURBINE! PERGUNTAS PARA AJUDAR VOCÊ A PARAR DE VENDER AÇÚCAR

1. Quem é seu principal (mais compatível, mais desejado e mais valioso) cliente?
2. Quais as principais dificuldades que seus clientes enfrentam (nas próprias palavras deles)?
3. Quem são seus concorrentes (incluindo alternativas, comparáveis e o *status quo*)?
4. Quais são as maiores forças deles? Quais são as fraquezas? (Dica: você não pode vencê-los nas fraquezas, apenas nas forças!)
5. Quem é você (pessoalmente, profissionalmente, coletivamente e individualmente)?
6. O que seus clientes amam em você?
7. O que eles detestam em você?
8. Em que posição você se encontra em relação ao que seus clientes qualificam como "importante", e nas áreas que seus concorrentes podem estar negligenciando?

Dedique algum tempo para preparar respostas claras e específicas para estas perguntas – e, então, pratique com sua equipe, com seu companheiro(a), com seu *coach* ou, até mesmo, com seu cachorro – e logo você notará uma melhora dramática na forma como seus clientes potenciais, aliados e parceiros de recomendações respondem suas mensagens de marketing.

10 VISIBILIDADE + CREDIBILIDADE = "COMPRABILIDADE"

Está bem, eu confesso: este capítulo é um pouco mais complicado do que pode parecer. A "comprabilidade" ocorre quando você usa táticas, ferramentas e mensagens de marketing atraentes, eficientes, relevantes e concisas. Para que você e as ofertas de sua empresa atinjam plenamente este estado, é necessário saber onde vocês se encontram no momento no Espectro de "Comprabilidade" Nove Partes do *Turbine seu marketing já!*

---

1. Invisível. Você não está lá quando seus clientes potenciais estão procurando por um produto, solução ou serviço exatamente como o seu. Você não está no Google, não está fazendo *networking*, não está na lista de fornecedores, não está nas convenções e feiras do setor. Ter a Síndrome do Segredo Mais Bem Guardado (SMBG) não é bom.

---

2. Visível e irritante. Má notícia: isso na verdade é PIOR que ser invisível. Você é aquela pessoa distribuindo desesperadamente cartões de visita na câmara de comércio. Você é aquele fazendo *cold calls* para todos na listagem da associação. Você vai de porta em porta e coloca aqueles cartõezinhos irritantes no meu parabrisa. Todo mundo detesta você. Boa notícia: é melhor saber disso por um amigo como eu, que se preocupa com seu sucesso. Por favor, pare já com essa idiotice.

---

3. Visível e insignificante. Você está no pedaço. Na aparência. Sim, vemos seu estande na exposição da câmara de comércio. Sim, recebemos seus folhetos pelo correio. Com certeza, você aparece nos torneios de golfe das conferências. Mas, não *contribui*. Não torna a vida ou trabalho de ninguém melhor porque entraram em contato com seu negócio. Você é como uma aeromoça, de pé na porta, acenando "até logo" como um autômato. Você pode fazer melhor. Continue lendo, e fará!

4. Visível e significante.	Ah, nível 4 – você está avançando! Não só está *visível* como também *presente* para os desejos e necessidades de seus clientes. Você aparece não só com materiais de marketing, mas também com soluções, ideias, respostas e insights que seus clientes potenciais podem usar – quer decidam comprar de você ou não. Você está tornando o mundo um lugar melhor a cada contribuição significante. E talvez esteja, inclusive, escrevendo artigos, postando em um blog ou dando palestras em conferências e reuniões de seu mercado-alvo. Bem-vindo à significância!
5. Visível e crível, mas inconsistente.	Atender *repetidamente* seu público com *significância* leva a ganhar *credibilidade*. Em suma, seus clientes começam a acreditar no valor que você está compartilhando com eles. Seu negócio está se tornando uma fonte confiável de informações, tendências, conselhos e respostas. Problema: você não faz isso com a frequência necessária. Uma palestra a cada seis meses. Um artigo anual enviado a uma revista. Seu blog é alimentado uma vez por mês, se tanto. Isso é bom, mas não bom o bastante, não é frequente o suficiente para levá-lo ao próximo nível, que é...
6. Visível, crível e consistente.	O nível 6 só é alcançado com o uso disciplinado de três calendários: seu calendário de marketing, seu calendário editorial e seu calendário de vendas. Por sorte, vamos nos aprofundar nesse assunto mais adiante no livro. A questão é que você está produzindo consistentemente um material de primeira, que soluciona as dores de cabeça urgentes e caras e as angústias de seu mercado-alvo. Então, eles começam a amá-lo por isso. Assim, logo você se torna...

7. **Visível, crível e comprável.**	Bingo. O nível 7 é onde seu serviço consistente para o mercado-alvo começa a dar retorno. Você está frente a frente de um número suficiente de clientes potenciais, com valor o bastante para ganhar atenção necessária para que possa obter mais trabalhos remunerados!
8. **Visível, crível e óbvio.**	*Crédito Extra:* para os que superam as expectativas, este nível é alcançado quando você proporciona tanto valor (on-line, por telefone, em pessoa, com seu conteúdo por meio de novos clientes, com negócios repetidos e recomendações, via boca a boca, com sua reputação elevada e resultados consistentes), que se torna a escolha *óbvia* em sua categoria de produto ou serviço. Quer uma cerveja boa? Compre uma Heineken. Precisa de um tênis transado? Esse Nike é uma aposta certa.
9. **Visível, crível, um erro comprar de outro.**	*Crédito Extra 2:* para os que superam seriamente, este é o nível máximo em sua escala de visibilidade, credibilidade e "comprabilidade". A mensagem que seus clientes potenciais e consumidores ouvem continuamente é que *podem* comprar o mesmo produto em outro lugar, mas que provavelmente estarão cometendo um GRANDE erro se não for a sua marca. Pense em motocicletas potentes: você irá querer uma Harley-Davidson. Pense em impressoras laser, e qualquer coisa que não seja uma HP será um erro. Ketchup? Heinz, sem dúvida. Naturalmente, essas são marcas globais. Mas, nada impede você e os produtos e serviços de sua empresa de conquistarem o mesmo status de "é um erro ir a outro lugar" em seu mercado-alvo específico com o mesmo impacto de marketing!

11 50 RAZÕES PARA AS PESSOAS COMPRARERM DE VOCÊ

É hora de uma pergunta estúpida: você quer vender mais, com mais facilidade e com mais frequência?

É claro que quer! Todo dono de empresa, empreendedor e profissional autônomo quer isso.

Pergunta inteligente: como você transmite para seus clientes potenciais todas as diferentes razões de por que eles devem comprar de você?

Este é o truque. Depois de trabalhar o próximo exercício, VOCÊ será capaz de construir uma das mais poderosas ferramentas de vendas já vista (e eu já conheci MUITAS ferramentas de marketing/vendas em meus 20 e tantos anos no negócio).

Devido a meu envolvimento na Associação Nacional dos Palestrantes (NSA) e na Associação Canadense de Palestrantes Profissionais (CAPS), tive a felicidade de desenvolver amizade com alguns dos mais inteligentes e bem-sucedidos oradores empresariais, especialistas em vendas e gurus do marketing.

Uma dessas pessoas, Tom Stoyan, é conhecido como o *coach* de vendas do Canadá, dirige o Coaching and Sales Institute (http://coachingandsalesinstitute.com) e também é membro do hall da fama da Canadian Association of Professionals Speakers. Há alguns anos, quando Tom e eu fizemos uma apresentação conjunta em uma convenção, ele participou de uma pequena parte de meu programa e eu, do dele. Pensamos que compararíamos nossas anotações e aprenderíamos algo com isso.

Tom aproveitou algumas ideias sobre mídia social e *inbound* marketing, e eu aprendi um conceito valiosíssimo chamado Planilha Por Que as Pessoas Compram de Mim.

A Planilha é um processo estruturado que guia você por cinco perguntas-chave, cada qual requerendo 10 respostas, oferecendo um arsenal de 50 argumentos de venda. Você pode usar isso em seu material de marketing, conversas de vendas, website, ligações telefônicas, e-mails ou em qualquer outro lugar no qual precise PROVAR para seus compradores que comprar de outro fornecedor seria um GRANDE erro.

A título de exemplo, incluo a planilha da parte de *coaching* de marketing de minha empresa.

Nota: pulei a pergunta 3 porque fiz este exercício a partir de uma perspectiva pessoal. Se você trabalha para uma organização maior (não apenas para si mesmo), NÃO A PULE. Peça a ajuda de seu chefe e colegas na elaboração da resposta.

***Pergunta 1:* Por que eu deveria comprar seu produto/serviço?**

1. Porque você é péssimo em marketing.
2. Porque você não tem tempo para marketing.
3. Porque você já leu muitos livros, mas implementou poucas ideias.
4. Porque sem um marketing proativo você é o melhor segredo guardado sobre o que faz.
5. Porque você não precisa de informações de marketing; precisa de implementação de marketing.
6. Porque você não sabe o que não sabe sobre divulgar seus serviços.
7. Porque você está cansado de jogar dinheiro no "buraco negro" do marketing.
8. Porque você quer retomar o controle de seu marketing e resultados de vendas.
9. Porque você está cansado de tentar a sorte, e está pronto para se comprometer com o sucesso no marketing.
10. Porque você percebeu que para cada real gasto com marketing, você deve ter pelo menos três de retorno.

***Pergunta 2:* Por que eu deveria comprar de VOCÊ?**

1. Porque tenho poderosos testemunhos de alguns dos principais empreendedores e empresas do país.
2. Porque já *fui* o serviço, *comprei* o serviço e *vendi* o serviço, portanto, estive nos três lados da mesa!
3. Porque lhe proporciono as estratégias, as táticas e a orientação na implementação que você precisa para gerar resultados.
4. Porque meu material, meu conselho, meus artigos e apresentações estão espalhadas pela internet! (Você já deve ter ouvido falar de mim, então eu devo estar fazendo algo certo. E se VOCÊ pudesse fazer o mesmo em sua base de clientes potenciais?)
5. Porque fui citado ou publicado no *New York Times, Investors Business Daily, FastCompany, Sellling Power, Sales and Marketing Management, Business 2.0* e na revista *Entrepeneur* (com foto!)
6. Porque sou autor deste livro, e você está obtendo dezenas de minhas ideias mais poderosas sobre construção de negócios. Quando terminar de ler e aplicar essas ideias em seu negócio, saberá que eu sou bom.
7. Porque já ministrei mais de 600 seminários, apresentações e sessões de trabalho estratégico desde 1992, e já trabalhei com 44 empresas da *Fortune 500.*
8. Porque uso um processo de aplicação pelo qual você deve passar antes de trabalharmos juntos. Eu não trabalho com qualquer indivíduo com um talão de cheques.
9. Porque meus programas estão, consistentemente, entre os melhores classificados em convenções nacionais e reuniões de associações por todo o país.
10. Porque tenho mais de 50 vídeos de testemunhos no YouTube, nos quais você pode ouvir relatos do impacto de meu trabalho diretamente dos clientes e público.

***Pergunta 3:* Por que eu deveria comprar de sua empresa?**

1. Eu e minha empresa somos um só. Veja as 10 razões anteriores.

***Pergunta 4:* Por que eu deveria comprar a seu preço?**

1. Porque tenho 1.000% de garantia de que sou melhor que qualquer um que seja mais barato, e sou mais barato que qualquer um que seja melhor.
2. Pague um preço fixo por *coaching* e consultoria ilimitados. Estou mais preocupado em levar você a seu destino que ligar o taxímetro.
3. O honorário é o pagamento! Se após nosso trabalho você não tiver um retorno de três a dez vezes daquilo que cobro, um de nós não está fazendo seu trabalho – e geralmente não sou eu.
4. Tudo é muito caro até que você queira de fato algo (Tom Stoyan).
5. As pessoas não gastarão 50 reais para solucionar um problema de 5 reais. Mas gastarão 1 milhão de reais para resolver um problema de 10 milhões.
6. Se você não se sente confortável gastando muito dinheiro comigo, por que espera que seus clientes gastem muito dinheiro com você?
7. Se você perguntar para alguém, 90% das pessoas dirão que foi o dinheiro mais inteligentemente gasto. Os outros 10% não trabalharam comigo.
8. Não deve trabalhar comigo se marketing e expandir seu negócio não são uma prioridade séria para você.
9. Você não deve trabalhar comigo se sua empresa está em dificuldade: busque ajuda de vendas primeiro (sério!).
10. Você pode gastar menos e terá menos. Pode gastar mais e, mesmo assim, ter menos. Eu entrego muito trabalho (leia os testemunhos) porque uma vez que você está comigo, eu não tenho nada mais para lhe vender e podemos ir direto pra solução!

Pergunta 5:* Por que eu deveria comprar AGORA? ("Agora é um termo relativo", Tom Stoyan, 2013)

1. Porque é raro que eu tenha uma brecha em minha lista de clientes. Você pode aproveitar a oportunidade agora ou esperar de três a seis meses.
2. Porque quanto mais você demorar para por seu marketing em ordem, mais permanecerá em um estado de confusão, inação e sobrecarga.
3. Porque "esperar até que meu negócio pegue" para investir em marketing é como dizer: "estou doente. Mas vou esperar me sentir melhor para ir ao médico." Nunca vai acontecer.
4. Nunca vi um plano de marketing que comece com "Gerar vendas suficientes para custear um plano de marketing."
5. Talvez você não deva mesmo comprar de mim, você pode não se qualificar para trabalhar comigo.
6. O que acontece se sua receita do próximo ano for muito semelhante à do ano passado? Se isso não for problema para você, então, provavelmente, não há razão para trabalharmos juntos.
7. Você tem certeza de que seu problema é de marketing e não de vendas?
8. Porque o dinheiro que você NÃO está investindo semana após semana, mês após mês, é um valor maior que o dinheiro que estaria investindo para ter sua receita no patamar que deseja.
9. Porque você quer interromper o ciclo de altos e baixos de receita, e usar um marketing mais proativo em seu processo, antes de afundar de novo.
10. Porque alguém que você conhece e respeita recomendou que conversássemos, e eu sou a resposta para suas preces. (Além disso, sou a pessoa mais humilde que você já conheceu!)

Viu? Eu disse que era voltado para meus interesses.

Até agora.

Porque AGORA é sua vez. Eis sua tarefa:

Planilha por que as Pessoas Compram de mim

Pergunta 1: Por que eu deveria comprar seu produto/serviço?

____

____

____

Pergunta 2: Por que eu deveria comprar de VOCÊ?

____

____

____

Pergunta 3: Por que eu deveria comprar de sua empresa?

____

____

____

Pergunta 4: Por que eu deveria comprar a seu preço?

____

____

____

Pergunta 5: Por que eu deveria comprar AGORA?

____

____

____

PARTE TRÊS

APRENDA A FALAR O IDIOMA DO CLIENTE

12 CONSTRUA SEU BANCO DE LINGUAGEM DE MARKETING

Uma linguagem eficiente de marketing é centrada em **falar "o mesmo idioma do cliente".** Isso significa usar as palavras certas que transmitem ao potencial comprador que você tem **as respostas** para os problemas dele.

Pergunta: Por que a linguagem do marketing é importante?

Resposta: Pense sobre as diferentes situações e contextos em que você divulga seus produtos, serviços, ideias e **valor** através da linguagem. Descreva três exemplos que você emprega regularmente em seu negócio.

- Linguagem de marketing escrita.
- Linguagem de marketing falada.

Agora, pergunte a si mesmo:

- Será que você está **perdendo oportunidades** por usar uma linguagem de marketing *centrada no produto* em vez de *centrada no cliente potencial*?
- Será que você está **perdendo vendas** por não se conectar no nível emocional com seus compradores?
- Os clientes potenciais **"baixam a guarda"** e QUEREM falar com você?
- Você acha que está **improvisando** quando fala com seus clientes potenciais?
- Sua linguagem **ressoa** para a maior parte do seu mercado-alvo?
- Sua linguagem de marketing é **sempre** clara, atraente e consistente?

Mas, o que é Banco de Linguagem de Marketing?
Seu Banco de Linguagem de Marketing é um conjunto de elementos verbais que ecoam as angústias, problemas e apuros específicos de seus clientes mais lucrativos antes que tenham experimentado as melhorias proporcionadas por produtos ou serviços que você oferece.

Como você usa seu Banco de Linguagem de Marketing
O poder do seu *Banco de Linguagem de Marketing* vem do fato de você investir seu tempo, pesquisa, criatividade e esforço **uma só vez** e poder **readaptar, reciclar e reutilizá-lo** repetidamente. *Não é preciso uma agência de publicidade!*

Por exemplo, você vai usar seu Banco de Linguagem de Marketing toda vez que quiser:

- escrever um **título** para um anúncio;
- criar um assunto de **e-mail** poderoso;
- revisar a **frase de efeito** ou o **slogan** de sua empresa;
- treinar seu pessoal sobre o tipo de **perguntas** que deve ser feito;
- iniciar uma conversa em uma **feira de negócios;**
- criar o roteiro de sua nova campanha de **telemarketing;**
- desenvolver sua estratégia de **mala direta;**
- postar algo atraente em um **blog;**
- enviar um **artigo** do seu setor para uma publicação;
- preparar uma **palestra** para uma convenção do seu mercado-alvo;
- formalizar seu programa de **recomendação** de clientes;
- escolher as **palavras-chave** para sua estratégia de otimização de resultados de busca;
- decidir sobre o que escrever no seu **release on-line**;
- redesenhar os **cartões de visita** de sua empresa; e assim por diante.

Assim como investir seu dinheiro em um banco de verdade, onde você poderá ter uma **conta-corrente**, uma conta **poupança** e uma conta de **investimentos**, as diferentes maneiras em que você pode gastar os lucros obtidos com seu Banco de Linguagem de Marketing são limitadas apenas por sua imaginação.

Você nunca ficará parado na frente de uma folha de papel em branco ou de uma tela de computador vazia se perguntando "o que digo sobre meus produtos ou serviços DESTA vez?"

Tudo já foi pensado e pré-desenvolvido, só a **espera de ser disseminado!**

Nos próximos capítulos, você obterá tudo o que precisa para desenvolver seu Banco de Linguagem de Marketing que poderá usar repetidamente em todos os aspectos do marketing de seu negócio. Vamos lá...

13 SETE PERGUNTAS PARA IDENTIFICAR SEUS MELHORES COMPRADORES

"Você pode gastar sua preciosa energia tentando persuadir portas fechadas, ou pode escolher as portas que se abrem quando você bate."

— Dr. Richard Carlson

Uma parte crítica da construção de seu Banco de Linguagem de Marketing é entender profundamente seus melhores compradores. Isto é vital. Porque, afinal, todo o propósito de seu

Banco de Linguagem de Marketing é ajudá-lo a **falar o idioma do cliente sobre os problemas dele.**

Outra maneira de colocar isso: divulgue seus produtos, serviços e seu VALOR para as pessoas que já estão ouvindo. Use o espaço a seguir para descrever as características típicas de **pessoas em seu mundo que já estão ouvindo.**

Identificando Seus Melhores Compradores

1. Pense sobre seus melhores clientes. O QUE faz deles os melhores?

 ____

 ____

2. Quais são os cargos deles? Os setores? As afiliações? Qualidades? Valores?

 ____

 ____

3. Quais são os problemas deles? O que eles estão BUSCANDO? (Descreva isso **nas palavras deles!**)

 ____

 ____

4. Onde mais eles procuraram resolver esses problemas?

 ____

 ____

5. Por que não funcionou?

 ____

 ____

6. O que eles mais odeiam sobre sua categoria de produto/serviço ou seu setor?

____

____

7. Como você pode se posicionar como a solução "Ah! Até que enfim!"

____

____

14 NÃO CAIA NA ARMADILHA DO MESMO "BESTEIROL" DE SEMPRE

Conforme você prepara a primeira versão de seu Banco de Linguagem de Marketing **deve permanecer muito atento** a todas as vezes que acaba usando uma linguagem que:

- **qualquer empresa poderia dizer,** e nenhuma empresa pode provar ("Somos os melhores!");
- **seja extremamente técnica** ou repleta de jargões;
- **aciona o medidor de "besteirol"** em seus leitores ("Não existe nada igual no planeta!");
- **faz promessas vazias** ("Nosso diferencial são nossas pessoas/qualidade/serviços.");

- **foca no recurso,** não no benefício ("Portas que se abrem 130 graus.");
- **foca em um insumo,** não em um resultado ("Nosso questionário de recrutamento detalhado de 72 pontos.");
- **soa como, parece com, ou lembra aos clientes** um produto ou serviço semelhante, de uma empresa semelhante, que trabalha de forma semelhante (isso é morte, e é muito comum. Sinto muito. Não existe uma maneira agradável de dar esta notícia para você!).

Feijão com arroz pode ser um prato muito popular, mas não existe lugar para feijão com arroz na forma como você articula a excepcionalidade do que você e sua empresa fazem.

A seguir, estão dois exemplos (com nomes fictícios, para proteger os inocentes e os não tão inocentes). Veja se você consegue saber quem utiliza uma linguagem autêntica e quem usa a linguagem "mesmo 'besteirol'" de sempre.

EXEMPLO 1

A XYZ Comunicações trabalha com fundações e organizações sem fins lucrativos ajudando-as a alcançar e instruir públicos influentes. Nossas estratégias aumentam a visibilidade das organizações e o valor que elas proporcionam. Também instruímos e influenciamos as pessoas sobre por que um problema é importante e por qual razão elas deveriam defender mudanças.

Nossa abordagem é bem pragmática e objetiva. Nosso foco é comunicação estratégica e solução de problemas, não é nosso perfil usar processos longos, nem ficar andando em círculos. No mercado atual, grande parte das pessoas quer trabalhar rapidamente para encontrar maneiras novas e melhores de atingir nichos não explorados ou crescer nos existentes. Elas querem se destacar na multidão e causar um impacto verdadeiro. É isso o que fazemos para as organizações com quem trabalhamos.

Gostaríamos de trabalhar com você também.

EXEMPLO 2

A ABC Associados oferece expertise comprovada para ajudar empresas de médio porte a se superarem, tanto nas metas de curto como nas de longo prazo. Usando um modelo flexível, proporcionamos a nossos clientes talentos executivos e as ferramentas de que precisam para vencer no mercado, oferecendo a habilidade de aumentar, imediatamente, a receita. Simplificando, a ABC Associados oferece uma alternativa eficiente e eficaz para desenvolver e executar com sucesso sua estratégia competitiva.

Qual exemplo deixou você mais:

- Curioso?
- Intrigado?
- Engajado?
- Convencido de que a empresa tem uma oferta singular?
- Confiante de que a empresa sabe o que o cliente quer?
- Propenso a pegar o telefone ou mandar um e-mail para saber mais?

A lição é bastante simples. A empresa do Exemplo 2 escreveu um texto "mesmo 'besteirol' de sempre" que qualquer um de seus concorrentes poderia clonar.

A empresa do Exemplo 1 manteve sua linguagem centrada no cliente, dialogável e acessível. Ela transmitiu que conhece os problemas que seus melhores clientes potenciais e consumidores enfrentam, e que pode solucioná-los.

TESTE DO CAFÉ

Não é preciso muito esforço para saber se sua linguagem de marketing é do tipo "mesmo 'besteirol' de sempre" ou não. O primeiro experimento que você talvez queira fazer é o Teste do Café, que funciona assim:

Imagine que você esteja tomando um café com um amigo, colega do trabalho ou uma fonte de recomendação. A conversa é informal, confortável e amigável. E logo o diálogo passa para seu negócio.

Pergunta Teste do Café: você consegue LER em voz alta para seu cliente potencial o texto promocional que está em seu site ou seu folheto sem que ele se engasgue de tanto rir ou olhe para você totalmente confuso?

Em outras palavras, você DIRIA em alto e bom som, em uma conversa em pessoa, o que ESCREVEU? Se a resposta for não, então você precisa voltar à prancheta.

A boa notícia é que este teste também sugere uma solução para corrigir sua linguagem de marketing: se você não diria o que escreveu, então, simplesmente, **escreva o que diria!**

Problema resolvido. Você é bem-vindo, e o café é por minha conta.

15 EXPLORE SEUS FATORES PROBLEMA/GANHO

Conforme você prossegue trabalhando em seu Banco de Linguagem de Marketing, considere aplicar **três testes para resolver** cada problema de marketing no qual está posicionado o seu produto/serviço.

Esses testes estão no brilhante livro, *Tuned in: Uncover the extraordinary opportunities that lead to business breakthroughs*, dos autores Craig Stull, Phil Myers e David Meerman:

1. É **urgente:** existem incentivos intrínsecos para solucioná-lo agora?
2. É **comum:** muitas pessoas em seu mercado-alvo têm este problema?
3. É **caro:** custa dinheiro ter este problema, e, portanto, existem pessoas dispostas a pagar para solucioná-lo?

Nesse estágio, INVERTA cada argumento de venda, recurso ou benefício para que se posicione como **alívio do sofrimento, solução de problema** e **prevenção de pesadelo.**

Lembre-se de usar a verdadeira **linguagem do cliente** (isto é, as próprias palavras deles) e **não** o palavreado técnico de marketing.

Não existe algo como *copywriting* eficaz; tem tudo a ver com *ouvir* eficazmente!

Imagine que você esteja divulgando um novo tipo de software de automação de força de vendas.

Poderia preparar rapidamente um texto promocional do tipo:

Com nosso Sistema de Inteligência de Vendas, você terá:

- leads mais consistentes;
- índices de conversão mais altos;
- um painel de métricas-chave;
- motivação para seus *"superstars"*;
- novo potencial de receita.

Perigo, perigo, perigo! Você sabe o que isso parece para a maioria dos gerentes e VP de vendas? Parece blá-blá-blá porque todo anúncio de automação de força de vendas, site, representante de vendas e livros de marketing fala sobre os mesmos benefícios.

Sabedoria antiga de marketing: se você vai vender extintores de incêndio, precisa mostrar o fogo.

Isso nos remete a uma das táticas de marketing mais poderosas deste livro.

Uma vez que tiver aprendido e desenvolvido a próxima habilidade, você se tornará um ninja invencível do marketing.

O nome dela até se parece com um golpe ninja: **Ação Reversa,** e o treinamento para você se tornar um mestre começa AGORA!

Pense sobre isso:

"Recurso, recurso, recurso..."
"Benefício, benefício, benefício..."

Seus clientes potenciais já ouviram tudo isso antes. Então, o que você pode fazer para dar um choque no cérebro deles e vencer a resistência, o cinismo e a posição defensiva?

Fácil! Fale da maneira como eles falam consigo mesmo. Leia a mente deles. Reflita o diálogo interior deles.

Prove-lhes que você entende o que estão passando: pegue seus recursos positivos e benefícios e inverta-os para se tornarem as condições negativas que esses clientes estão enfrentando (e falando) agora. Então, inverta, novamente, com afirmações motivadoras e restauradoras específicas que façam cada um desses aspectos negativos desaparecerem.

Vamos usar o exemplo do sistema de automação de força de vendas e você verá como pode fazer o mesmo com seus produtos e serviços.

REVERSÃO 1: INVERTA SEUS BENEFÍCIOS

Qual é o **oposto** de cada um de seus benefícios?

- Leads mais consistentes ⇨ Leads esporádicos, ciclos de vendas com altos e baixos.
- Índices de conversão mais altos ⇨ Índices de conversão mais baixos, metas não atingidas.
- Um painel de métricas-chave ⇨ Não existe painel, os dados são mais difíceis de coletar e/ou analisar.

- Motivação para seus *superstars* ⇨ *Superstars* desmotivados, com baixo desempenho.
- Novo potencial de receita ⇨ Perda de potencial de receita, menor lucro.

REVERSÃO 2: CONSTRUA UMA **AFIRMAÇÃO RESTAURADORA** para cada aspecto negativo

- ~~Leads mais consistentes~~ ⇨ Eliminar ciclos de vendas com altos e baixos.
- ~~Índices de conversão mais altos~~ ⇨ Recuperar o índice de conversão com cumprimento de metas.
- ~~Um painel de métricas-chave~~ ⇨ Parar de reunir dados espalhados em sistemas antigos.
- ~~Motivação para seus *superstars*~~ ⇨ Dar autonomia a seus *superstars* para voltarem a ser vencedores.
- ~~Novo potencial de receita~~ ⇨ Acabar com a ansiedade da receita em queda e lucro encolhido.

Ação Reversa

Agora é sua vez. Escolha a peça favorita de seu material de marketing. Pode ser uma carta de vendas, página web, um folheto, uma planilha de dados, qualquer coisa.

Aplique o processo de Reversão usando o espaço abaixo, e converta seus benefícios em deficiências. Você conseguirá enxergar os problemas que seus produtos e atividades realmente solucionam. Com isso em mãos, descreva a recuperação que seu produto oferece em uma linguagem simples.

Benefício/resultado:

1. ______________________________.
2. ______________________________.
3. ______________________________.
4. ______________________________.

... traduzido em problema, sofrimento/falha:

1. ______________________________.
2. ______________________________.
3. ______________________________.
4. ______________________________.

... proporciona alívio/recuperação/melhoria específicos:

1. ______________________________.
2. ______________________________.
3. ______________________________.
4. ______________________________.

16 COMO CONSTRUIR SEU GLOSSÁRIO DE CLIENTE POTENCIAL

Conforme você vai assentando os últimos tijolos de seu Banco de Linguagem de Marketing, percebe que o propósito deste exercício é fazê-lo PARAR de usar jargão de marketing e COMEÇAR a utilizar seu mais novo e lucrativo dialeto, o "idioma do cliente".

Quando você aprender a falar o idioma do cliente, terá muito mais chance de ser visto como um **parceiro** e não como um **mascate**.

- Você **ganhará confiança** à medida que remover o exagero de seu vocabulário.

- Você **ganhará respeito** à medida que articular o sofrimento, os problemas, as angústias e as dores de cabeça que seus clientes potenciais verdadeiramente estão experimentando, sobre os quais eles estão falando e buscando ajuda.
- Você será **conhecido como uma empresa que entende o cliente** e na qual se pode confiar para entregar soluções através de seus produtos, seus serviços e seu valor.

Há muitos anos, sentei-me com o CEO de uma consultoria de TI, que tinha sete funcionários, perto de meu QG na Filadélfia. Fomos até um local próximo, que servia café da manhã, para um bate-papo acompanhado de ovos e bacon.

Fomos apresentados por um amigo em comum, e nenhum de nós dois sabia se a conversa resultaria em negócio, mas ambos sabíamos que poderia, caso nos entrosássemos. Afinal, ele tinha uma necessidade e eu fui apresentado como um conselheiro de confiança com expertise em marketing e experiência em ajudar empresas de serviços profissionais.

A certa altura da conversa, quase no meio do café, ele põe o garfo de lado um tanto exasperado e diz: "sabe, David, eu simplesmente não gosto de marketing!" Comecei a rir porque isso é como se eu dissesse para ele: "sabe Hank, eu simplesmente não gosto de gente de TI!" Quando meu acesso de riso acabou, pedi a ele que me falasse mais sobre sua aversão ao marketing.

As palavras que saíram da boca dele na sequência foram como ouro puro.

Ele disse: "eu não gosto de marketing porque você nunca sabe o que vai ter. Nunca sabe o que funciona. Você tenta uma coisa, dá errado. Precisa por mais dinheiro nisso, aí também não funciona. Então, uma coisa que tentou seis meses antes gera um lead, e você simplesmente nunca sabe o que está acontecendo de verdade. Estou cansado de jogar dinheiro no 'buraco negro' de marketing."

Pausa.

Pega novamente o garfo.

Espeta um pedaço de bacon.

Felizmente, eu estava ouvindo. REALMENTE ouvindo.

Volte para o tópico 13. Hank tinha acabado de fazer o trabalho brilhante de responder às perguntas 6 e 7 de meu questionário *buyer persona.* "O que eles DETESTAM sobre sua categoria de produto/serviço ou seu setor?" e "Como você pode se posicionar como a solução: 'Ah! Até que enfim!'"

Quando terminamos o café e nos despedimos, voltei para meu carro.

Entrei, fechei a porta e peguei a caneta e o bloco que sempre tenho no porta-luvas. Escrevi LITERALMENTE o que Hank disse. Foram quatro ou cinco verdadeiras preciosidades, mas fiz um circulo em torno desta frase em especial: "estou cansado de jogar dinheiro no 'buraco negro' de marketing."

Avance para o presente. Apresentado, proeminentemente, em minha página de serviços está o resultado do desenvolvimento de meu próprio Banco de Linguagem de Marketing **depois de ouvir a mesma reclamação de dúzias de executivos e empresários,** assim como Hank.

"MARKETING PARA SERVIÇOS PROFISSIONAIS? NÃO OBRIGADO! ESTOU CANSADO DE JOGAR DINHEIRO NO 'BURACO NEGRO' DO MARKETING."

Como gerente, sócio-administrador, CEO, presidente ou responsável técnico de uma empresa de serviços profissionais, este é você?

- "Sempre perdemos no preço porque não temos credibilidade com clientes potenciais que nunca ouviram falar de nós antes."
- "Vivem me pedindo novas ferramentas de marketing, folhetos e apresentações, mas nada parece ajudar."
- "Como saberei quais estratégias e ferramentas de marketing me ajudarão a fechar mais vendas?"

- "Deve haver uma forma mais sistemática de divulgarmos nossos produtos/serviços."
- "Existem tantas maneiras novas de alcançar os compradores hoje. Deveríamos usar mídia social, blogs, *podcasts,* vídeo? E será que alguma dessas coisas funciona em nosso setor?"

Alguns meses depois, Hank considerou contratar uma empresa de marketing. Ele visitou nosso site mais uma vez, e quando fui me encontrar com ele, alguns dias mais tarde, o CEO disse: "obviamente você sabe o que estamos enfrentando. Dei uma olhada em seu site, e tive a impressão de que você falava diretamente COMIGO." Ele nos contratou. Fizemos um trabalho maravilhoso juntos. Dinheiro no banco.

Três palavras de conselho para você:

Autêntico. Cliente. Linguagem.

TURBINE! COMO COMPILAR UMA LINGUAGEM AUTÊNTICA DE CLIENTE

Viver no mundo *deles,* pensar sobre os problemas *deles* e entrar na cabeça dos clientes *deles.*

Qual é o primeiro passo? Pesquisa. Preparação. Lição de casa.

Novidades sobre seu setor, sua região, seus setores comerciais e sobre as empresas agora estão ao alcance de todos na internet. Procure citações, comerciais e vídeos de entrevistas para apreender o máximo possível. Depois vá diretamente à fonte – **seus consumidores e clientes potenciais reais.**

Afinal, se você não estiver **pesquisando inteligentemente os problemas, desafios e pressões de seus clientes potenciais**, como poderá oferecer soluções críveis, com alto valor percebido?

Uma das melhores maneiras de abordar seus futuros consumidores é com:

- entrevistas;
- pesquisas de opinião;
- estudos;
- coleta de dados.

Isso posiciona sua empresa como recurso especializado e lhe proporciona dados valiosos que, de qualquer forma, você precisaria obter.

Por fim, é claro, você tem as **ferramentas pessoais informais do café da manhã, almoço, jantar, tomar um café com seus clientes atuais e potenciais.** Só não se esqueça de levar um gravador digital ou estar preparado para fazer boas anotações. Quando eles começarem a falar no idioma do cliente sobre problemas, sua cabeça ficará girando com todas as maneiras possíveis em que pode usar os bits de som deles em seu Banco de Linguagem de Marketing!

17 OS ÚNICOS TRÊS PROBLEMAS QUE VOCÊ PODE RESOLVER

Você pode vender os melhores dispositivos do mundo. Pode ter patenteado o acessório mais eficiente que seu setor já viu.

Seu serviço pode ser o mais eficaz do planeta, o único à prova de balas com 100% de garantia no mercado.

Verdades duras:

- Nenhum de seus clientes potenciais tem problema com dispositivos.
- Nenhum de seus clientes potenciais tem acessórios ineficientes.
- Nenhum de seus clientes potenciais fica acordado até tarde da noite procurando um serviço com garantia a prova de balas.

Você e sua empresa podem resolver apenas três problemas. E solucionar esses três problemas de forma específica, rápida e lucrativa é sua PRINCIPAL e ÚNICA função, supondo-se que você deseja proporcionar a **maior contribuição** para seus clientes e verdadeiramente atendê-los de uma maneira que seja traduzida no **resultado** deles para que queiram lhe pagar **uma enorme soma de dinheiro.**

Você gostaria de saber quais são os tais problemas?

Com certeza. Sendo assim, os próximos três capítulos apresentam sua nova missão, mantra e foco...

Para cada... Única... Coisa... Que sua empresa... Vende...

Digamos que você esteja prestes a se sentar com um tomador de decisão corporativo. É um alto-executivo, talvez o CEO, talvez o VP sênior, definitivamente, alguém com posição executiva **e** com autoridade para assinar cheques para aquilo que seu mercado vende.

Dependendo do tamanho da companhia, talvez você queira começar com uma ou mais perguntas como estas:

- "Vocês têm todo um portfólio de produtos, serviços e programas. Quais, em sua opinião, são os dois ou três carros-chefes?" (Nota: os CEOs adoram esse tipo de conversa!)
- "E quais são as duas ou três iniciativas em que vocês estão investindo mais recursos, e que devem ser absolutamente bem-sucedidas para que este ano supere as expectativas?"
- "Imagine que tenha a sua frente todo um painel de instrumentos. Quais ponteiros (dois ou três) gostaria de ver se movimentar?"

O cliente potencial expõe a situação e você faz algumas indagações complementares para obter respostas mais detalhadas. Em seguida, faz uma pergunta assim: "com base em tudo o que consegue enxergar a partir de sua posição [um aceno para o poder deles que sugere que estão na posição de rei!], quais são os dois ou três maiores obstáculos em seu caminho?"

Eles podem responder imediatamente ou podem lhe pedir um esclarecimento. Nesta altura, você mostra a que veio e diz: "Bem, geralmente, somos chamados quando pessoas em sua posição se deparam com um ou mais desses três problemas: **problemas com pessoas, problemas com processos e problemas com lucro.** Qual deles é o mais relevante para vocês?"

Algumas boas questões complementares são:

- Em que seus concorrentes estão alcançando vocês?
- Em quais áreas vocês estão atualmente na frente e que querem ir ainda além?
- Quais são alguns desafios internos?
- Como algumas de suas boas ideias, às vezes, descarrilam?
- Quais são os "buracos negros" em sua organização? [ex.: aonde ideias e clientes potenciais morrem?
- Quais são os problemas com processos?
- Onde você gostaria de olear as engrenagens e fazer as coisas rolarem mais suavemente?

Quanto tiver o básico da situação nas mãos, poderá começar a trabalhar com os três pilares da conversa de vendas. **Pessoas, Processos, Lucro.**

Vamos começar examinando os problemas com pessoas.

18 RESOLVENDO PROBLEMAS COM PESSOAS

Conforme você desenvolve a conversa de vendas com seu cliente potencial, pode falar especificamente sobre obstáculos de pessoas (não uma pessoa em si, mas *problemas* com pessoas que estão criando obstáculos). Afinal, você quer conhecer melhor a situação para poder entender o que eles estão enfrentando.

Problemas com pessoas manifestam-se nos mais diversos formatos e tamanhos, mas existe uma lista básica para que você possa falar com mais conhecimento sobre estes problemas com seu cliente potencial:

- recrutar talentos;
- reter talentos;
- engajamento de funcionários;
- reconhecimento e recompensa;
- utilização do *staff;*
- liderança;
- trabalho em equipe;
- comunicação;
- *coaching;*
- colaboração;
- sucessão;
- disputas de território e poder;
- fofocas e/ou ostentação;
- delegação;
- microgerenciamento;
- perfeccionismo;
- negatividade;

- direitos;
- complacência.

Não importa o que você vende – comercial, industrial, varejo, atacado, manufatura, distribuição, produtos, serviços, programas, ideias – TODOS podem ser associados a um desses problemas, riscos, ou lacunas com pessoas.

Mesmo.

Na verdade, se você não está falando sobre essas dificuldades, está posicionando seu produto, serviço ou solução como "bom de-ter" e NÃO como imprescindível.

Tomadores de decisão SEMPRE precisam resolver ALGUNS desses problemas com pessoas e melhorar os demais, porém, eles NEM sempre precisam de seu produto ou serviço.

VINCULE um ao outro e você terá sucesso.

19 RESOLVENDO PROBLEMAS COM PROCESSOS

Problemas com processos manifestam-se na forma de ineficiências, lacunas, oportunidades perdidas, excesso de tempo e esforços gastos, etapas demais, muita burocracia e papelada, ou muitos níveis entre a empresa e o consumidor.

Setores inteiros foram construídos em torno de inovações de processos empresariais. E um punhado de modismos da década de 1950 à de 1990 não ajudou: o movimento da qualidade total, reengenharia de processos, terceirização, internalização, *rightsizing*. Você escolhe.

Vamos ao que interessa, e catalogar uma breve lista de fontes potenciais de problemas com processos que você pode querer discutir com seus futuros clientes para focar a atenção deles no RESULTADO desejado ao investir nos produtos e serviços de sua empresa:

- contabilidade;
- faturamento;
- call centers;
- contratação;
- serviço ao cliente;
- entrega;
- distribuição;
- engenharia;
- gerenciamento de instalações;
- finanças;
- sistemas de informação;
- inovação;
- gerenciamento de estoque;
- manufatura;
- marketing;
- operações;
- folha de pagamento;
- desenvolvimento de produto;
- conformidade com normas e legislação;
- pesquisa e desenvolvimento;
- vendas;
- planejamento estratégico; e
- diversidade da força de trabalho.

Vincule alguns destes itens à sua conversa de vendas e, novamente, você terá sucesso!

20 RESOLVENDO PROBLEMAS COM LUCRO

Problemas com lucro manifestam-se nos mais diversos formatos e tamanhos.

O importante é que, quando divulgar e vender seu produto ou serviço, você NÃO negligencie esse importante problema. Ele NUNCA está longe da mente de qualquer tomador de decisão sério. Se a lucratividade NÃO é importante para seu cliente potencial, então você está falando com o cliente potencial errado!

Geralmente posicionado no final de uma cadeia de reação com variáveis internas e externas (onde seu produto ou serviço entra em jogo), quando você fala sobre resolver problemas de lucro com seus clientes os resultados, quase sempre, acabam com VOCÊ usando as seguintes frases "para que":

- Para que você venda mais.
- Para que você venda com mais frequência.
- Para que você já venda com preço cheio.
- Para que você evite descontos.
- Para que você abra novos mercados.
- Para que você amplie sua linha de produtos.
- Para que você corte custos.
- Para que você produza e distribua com mais eficiência.
- Para que você acelere o *time to market.*
- Para que você faça venda casada.
- Para que você faça *up-selling.*
- Para que você possa abrir novos canais.

- Para que você possa aumentar os preços.
- Para que você possa incrementar suas margens.
- Para que seu custo por unidade diminua.
- Para que você possa criar franquias.
- Para que você possa licenciar.
- Para que o preço de seu estoque valorize.
- Para que você conserve mais dinheiro em caixa.

ALERTA

Se sua empresa resolve problemas com **pessoas**, talvez você tenha ficado triste ao ver todas essas questões com **processos** e **lucro** só agora. Eis um segredo: **todos esses outros problemas são problemas com PESSOAS, disfarçados.**

Por que? Porque alguém é responsável pelo processo com problema e não o corrigiu. Outra pessoa é dona da unidade de negócio, produto ou serviço deficitário e não consegue (ou não quer) enfrentar problemas com pessoas, lidar com as consequências e resolvê-los. Portanto, se você soluciona problemas com pessoas, pode ter conversas de marketing sobre TODOS esses aspectos e **terá três oportunidades de marcar seu ponto!**

21 CONTROLE NÃO TEM PREÇO

Quando você dirigir seu marketing para alto-executivos, profissionais liberais ou empreendedores, raramente cometerá um erro ao destacar como seu produto ou serviço aumenta o nível de controle que eles têm sobre o próprio produto.

Pense sobre isso: o controle está na essência daquilo que cada executivo "alfa" e empreendedor quer.

Não só ter o controle sobre seu negócio, mas também domínio sobre as finanças, seu pessoal, seus processos, seus clientes e seus fornecedores. Aquelas pessoas desejam controlar o mundo.

E você deve descobrir maneiras de ajudá-las a fazer exatamente isso.

Afinal, o controle é um amortecedor para o medo, um escudo contra a incerteza e um antídoto poderoso para a dúvida.

Posicione suas ofertas não em termos de dinheiro economizado ou ganho, nem em termos de tempo menos desperdiçado ou mais livre, mas, simplesmente, em termos de MAIS controle e MENOS caos. Faça isso, e terá vendido o benefício máximo para a maioria de seus clientes potenciais: a proteção que eles buscam para o medo, a incerteza e a dúvida.

Não subestime o poder deste ângulo em cada mensagem de marketing, cada conversa de vendas e em cada pergunta cuidadosamente escolhida que você faz durante seu processo de vendas. Use essa alavanca, e logo verá as comportas abertas e seu índice de fechamentos de negócios disparar, porque você está usando a linguagem do controle.

Dê-me mais tempo – ótimo. Dê-me mais dinheiro – excitante. Dê-me mais controle – não tem preço.

22 SEUS COMPRADORES SÃO PREGUIÇOSOS, OCUPADOS E CONFUSOS

O marketing e as vendas estão se tornando cada vez mais desafiadores porque – agora mais que nunca – os compradores são **preguiçosos, ocupados e confusos.**

Veja se alguma das seguintes características lhe soa verdadeira com os **SEUS clientes potenciais e prospectos**:

PREGUIÇOSOS

Seus compradores não esperam mais receber propagandas e propostas de venda. O antigo padrão *bom, barato e rápido* foi substituído pelo novo padrão Web 2.0: *fácil, ráido e grátis. Gratificação instantânea, fácil de comprar e fácil de instalar* são as novas palavras de ordem para o sucesso do marketing e das vendas. **O especialista à mão é o especialista contratado.**

OCUPADOS

Os compradores têm milhões de outras coisas para fazer além de pesquisar as melhores opções de produtos, serviços, fornecedores, parceiros e conselheiros confiáveis. Você precisa se tornar a **escolha óbvia, a mais inteligente e a menos arriscada,** tudo em um espaço muito pequeno de tempo para ser ouvido, vencendo outros ruídos internos e externos.

CONFUSOS

Os compradores estão sobrecarregados com informações, opções, dados, especificações, recursos, benefícios e promoções. Seus clientes foram no passado escaldados, desapontados e decepcionados por marqueteiros fajutos. Estão com seus escudos na mão. Você não vai vencê-los com apelos. Portanto, deve transmitir DUAS coisas com a maior clareza e convicção:

1. **Você entende o que eles estão enfrentando.**
2. **Você pode resolver isso.**

TURBINE! TRÊS MANEIRAS DE SUA EMPRESA PODER VENDER PARA OS PREGUIÇOSOS, OCUPADOS E CONFUSOS

Vendendo para os preguiçosos: o que você pode OFERECER que seja fácil, rápido e grátis?

Exemplo no site de seu advogado: "clique aqui para baixar nosso guia grátis, '17 erros na contratação de um advogado e como evitá-los'."

Vendendo para os ocupados: o que você pode FAZER para ser ouvido vencendo o ruído?

Exemplo: para sua firma de TI "somos a ÚNICA empresa que oferece *100% de garantia (ou seu dinheiro de volta)* de que seu projeto será concluído em 90 dias. Se não for, você não paga."

Vendendo para os confusos: o que você pode DIZER que irá reverberar imediatamente com seus melhores clientes potenciais porque mostra que você os entende?

Exemplo em sua carta de venda de consultoria: "sabemos que foi escaldado, desapontado e decepcionado por consultores anteriores. Nós também. Mais da metade de nossos clientes nos procuram especificamente porque outra empresa estragou o projeto deles ou demorou muito ou estourou o orçamento – ou *os três*."

23 CLAREZA INDICA EXPERTISE

Clareza indica expertise.

Quanto mais claro e conciso você puder ser, mais ganhará o efeito da auréola da expertise, da qualidade, da confiabilidade, da eficiência e do valor.

Quanto concisa você pode deixar sua promoção de vendas?

Quão logo você pode parar de falar e começar a ouvir?

Corte as gorduras e tente falar 50% MENOS.

Menos é mais.

Menos vende mais.

De verdade.

TURBINE! ESTRATÉGIA DE SUCESSO: O QUE UMA CRIANÇA DE NOVE ANOS PODE LHE ENSINAR SOBRE VENDAS

Tom Searcy

Um estudo recente confirmou minha suspeita de que a maioria das pessoas não lembra o que apresentamos para elas em uma visita de vendas. Os dados sugeriram que o comprador comum que participa de uma reunião de vendas irá se lembrar de apenas uma coisa – uma! – passada uma semana da reunião.

Ah, e a propósito: você não consegue escolher o que será essa única coisa. Suspiro.

Então, o que os empresários, empreendedores e profissionais de vendas fizeram sobre isso? Eles trabalharam para "refinar a mensagem", desenvolvendo "uma vantagem atraente exclusiva" e, é claro, a bala de prata: "uma abordagem de vendas de um minuto, certeira".

Mas veja contra o que você está lutando: um mundo abarrotado de informações, agendas lotadas com mais reuniões e trabalho que uma pessoa pode dar conta e processos de tomada de decisão com várias pessoas envolvidas em cada escolha, muitas delas que sabem pouco sobre seu produto ou serviço. Não é de admirar que tão pouco seja lembrado; geralmente, seu ouvinte nem mesmo entende muito o que você está oferecendo.

O que as crianças querem saber

Minha filha de nove anos tem sardas, cabelo castanho e olhos azuis do tamanho de uma moeda. Ela faz perguntas que, a primeira vista, parecem muito simples:

- Papai, o que você faz?
- Por que as pessoas decidem contratar você?
- Por que elas não contratam outra pessoa ou fazem sozinhas?

Uma das coisas bacanas sobre crianças de nove anos é que, assim como meus clientes potenciais hoje em dia, lhes falta contexto. Qualquer coisa que você responda precisa ser em uma linguagem que elas entendam.

O que um especialista em aprovisionamento sabe sobre o que você vende, ou a pessoa de TI, ou a pessoa do financeiro? O desafio é o seguinte: você consegue responder as três perguntas que minha filha de nove anos fez, relacionando-as com seu negócio? *Dica:* existem respostas certas para todas elas.

Papai, o que você faz?

Resposta certa: "eu ajudo empresas a crescerem realmente rápido, ensinando como vender pedidos muito maiores para outras empresas."

Resposta errada: "nossa empresa ajuda nossos clientes a desenvolverem internamente processos replicáveis e escalonáveis para conseguirem contas grandes."

Por que as pessoas decidem contratar você?

Resposta certa: "nós já ajudamos várias outras empresas a fazerem o mesmo, então, somos realmente bons nisso, contanto que sejam os tipos certos de empresa."

Resposta errada: "temos um processo de implementação comprovado que permite às organizações customizarem o modelo para o mercado, ofertas e metas de crescimento da empresa."

Por que elas não fazem sozinhas?

Resposta certa: "é como quando você aprendeu a tocar piano: a mamãe e eu pudemos ensinar um pouco, mas não sabemos tanto quanto sua professora. Nós mesmos ensinarmos a você levaria muito tempo e isso seria frustrante. O papai é bom professor em como fazer vendas grandes e as pessoas querem aprender isso o mais rápido possível."

Resposta errada: "somos os mais especializados neste campo, com mais de 5 bilhões de reais em negócios fechados por nossos clientes usando este sistema. De modo geral, nossos clientes já experimentaram várias possibilidades sozinhos antes de trabalharmos juntos e quiseram ajuda externa para obter resultados melhores."

Nesses casos, ambas as respostas para cada pergunta são acuradas, mas isso não as torna as *certas*.

Em um mundo em que mais decisões são tomadas com menos informações e contexto, sua responsabilidade é oferecer a resposta mais clara e memorável possível, para que todos os seus compradores entendam.

Tom Searcy, coautor do livro da McGraw-Hill, *How to close deals like warren buffett*, é especialista em estratégia de vendas para grandes contas. Com sua empresa de estratégia de vendas, a Hunt Big Sales, Tom já ajudou clientes a fechar mais de 15 bilhões de reais em negócios. Ele é autor de *RFPs suck! How to Master the RFP system once and for all to win big business* e coautor de *Whale hunting: How to land big sales and transform your company* [nenhuma de suas obras foram publicadas em português ainda]. Conecte-se com Tom em www.huntbigsales.com.

PARTE QUATRO

POSICIONAMENTO DE ESPECIALISTA

24 COMO LUCRAR COM RP3

Se você quer conquistar novos clientes, falar é um dos instrumentos mais eficientes de seu kit de ferramentas para dar brilho nas suas credenciais de especialista.

Após ler este capítulo, você entenderá como desencadear o poder do RP3 em seus esforços de desenvolvimento de negócios, incluindo a estratégia número um: falar.

RP3 (Relações Públicas Profissionais Personalizadas) é uma combinação de estratégias, táticas e ferramentas desenhadas para ajudar você e sua empresa a atingirem um ou mais dos sete objetivos essenciais a seguir:

1. gerar novos leads;
2. construir credibilidade e preferência de marca;
3. conectar-se com a mídia e com os analistas do setor;
4. criar oportunidades de engajar seus melhores talentos;
5. desenvolver a gestão;
6. criar contexto de liderança em pensamento;
7. contribuir com sua comunidade profissional.

Vejamos, agora, o que queremos dizer especificamente com **RP3 – Relações Públicas Profissionais Personalizadas:**

- **Relações:** pare de pensar somente em fechar vendas, em vez disso, foque em construir relacionamentos com seu público, leitores, seguidores e fãs. O conteúdo que você compartilha em uma campanha típica RP3 é útil, valioso, estimulante e intuitivo. Faça isso consistentemente e construirá confiança, empatia e reputação por excelência. Então, quando a necessidade surgir, você e sua empresa estarão gravados na discagem rápida, e seus clientes potenciais considerarão um erro grave contratar qualquer outro.

- **Públicas:** sua equipe pode ser de primeira, com expertise comprovada que gera resultados surpreendentes para os clientes. No entanto, se você não torná-la pública, sofrerá o que muitos executivos e empreendedores descrevem frustrados como: "Síndrome do Segredo Mais Bem Guardado". Com RP3 você coloca sua expertise na frente dos clientes, exatamente onde deve estar, se você quer gerar novos negócios com mais facilidade e frequência.
- **Profissionais:** o objetivo do RP3 é a exposição profissional para a expertise, os produtos, os serviços e a proposta de valor de sua empresa. Muitos líderes empresariais evitam o holofote do RP3, afirmando: "não tem a ver comigo". Embora isso seja verdade, certamente TEM a ver com VOCÊ proporcionar valor, expertise e orientação para ajudar seu público-alvo a ter sucesso.
- **Personalizadas:** sua empresa é formada por indivíduos. Cada membro de seu time tem seus próprios pontos fortes, capacidades, preferências e personalidade, que podem ser alavancados pelo marketing, posicionando e amplificando a mensagem que sua empresa quer deixar como marca para os clientes potenciais, consumidores e influenciadores em seu mercado-alvo.

A seguir, estão os três pilares de uma campanha RP3:

- **Fala:** foque em palestras lucrativas com plateias compostas por clientes potenciais de alta probabilidade. Então, desenvolva uma apresentação de marketing magnetizante que envolverá, atrairá e converterá clientes potenciais para, então, dar o próximo passo no seu processo de aquisição de clientes novos.
- **Escrita:** escreva artigos, ensaios, relatórios especiais, blogs, dicas. Qualquer coisa que seus clientes potenciais considerem valioso e relevante. Você e sua empresa precisam se tornar conhecidos por criar e compartilhar um fluxo consistente de informações que solucionem os problemas de seus clientes potenciais. Sim, mesmo antes de eles contratarem você! (*Nota:* a RP tradicional publica artigos em mídia impressa e digital que seus clientes potenciais leem e respeitam, que embora possivelmente importante para sua empresa, é, geralmente, a cobertura do bolo já que o acesso à internet transformou TODOS nós em editores.)

- **Mídia social:** plataformas de mídia social tais como o Facebook, Twitter, LinkedIn, Google+ e YouTube geram, atualmente, mais de 40% do tráfego da internet para empresas bem-sucedidas. Se você e seu negócio não estão tirando proveito dessas plataformas, para oferecer valor e convidar seu mercado-alvo ao envolvimento, está perdendo uma oportunidade significativa de gerar novos leads e estimular conversas valiosas com seus clientes potenciais.

O impacto geral de uma campanha de RP3 pode ser resumido em uma palavra ***expertizing***.

Expertizing é o efeito cumulativo de seus esforços de fala, escrita e mídia social. Levado ao extremo, pode resultar em escrever um livro não ficcional posicionando você e sua empresa como líderes em pensamento.

Expertizing inclui a habilidade de VÁRIOS líderes de seu negócio entregarem, clara e confiantemente, uma apresentação "muito legal" em feiras de negócios, conferências e eventos do setor.

Isso inclui posicionar você e os principais líderes de sua empresa como experts, por meio de um site, vídeos, kits de mídia, presença nas redes sociais, artigos em publicações específicas de negócios e postagem em blogs. Você pode, inclusive, criar um birô interno de palestras, para buscar com mais eficiência e conseguir apresentações de seus principais executivos para audiências relevantes.

Quanto bem-sucedido você é no uso de estratégias RP3 para aumentar a credibilidade, visibilidade e receita do seu negócio?

E você faz isso de vez em quando para resultados mistos ou apenas, entre projetos quando tem tempo livre?

Se sua empresa já faz um excelente trabalho consistentemente, bem-vindo ao clube do 1%. Caso contrário, considere criar um plano simples de RP3 para implementar esses elementos para o sucesso futuro do marketing de seus negócios.

25 LINGUAGEM DE CEO É SUA MELHOR ARMA

O DESAFIO

Com muita frequência, pequenos empresários e empresas de serviços profissionais:

- fazem marketing por acaso e não usam marketing tradicional com eficiência;
- esperam que os clientes potenciais ligarão, quando precisarem;
- nunca sabem de onde virá o próximo lead;
- não usam no marketing seu melhor atributo: liderança em pensamento;
- despejam muito dinheiro no "buraco negro" de marketing.

A OPORTUNIDADE

Uma pesquisa independente, com mais de 700 empresas de serviços, prova que a principal fonte de novos negócios é: "fazer ligações para clientes existentes"; sendo a segunda e a terceira fontes: "falar em conferências e feiras comerciais" e "criar seminários e eventos próprios". Mas, se seu negócio é como a maioria dos outros, você ainda não decifrou o código de como fazer isso funcionar para que *seu pessoal* atraia *seus* clientes.

Segundo o estudo de mercado de serviços profissionais, *What's working in lead generation* (em tradução livre, *O que funciona na geração de leads*) conduzido pelo Wellesley Hills Group, de **52% a 72% dos COMPRADORES de serviços profissionais B2B estão dispostos a mudar para novos provedores** em uma gama de especialidades.

Significado: você está sempre a UMA boa apresentação de fechar um ótimo negócio.

Então, como fazer isso acontecer para você e para a sua empresa?

Os executivos e empresários mais bem-sucedidos tornam-se líderes de pensamento reconhecidos em sua área de expertise porque disseminam suas ferramentas poderosas toda vez que falam: clareza, expertise e abertura. Essas são as três chaves do discurso do CEO:

- **Clareza:** em qualquer situação de fala, clareza indica *poder, confiança e capacidade*. Menos é mais. Transmita alguns pontos poderosamente. Foque em sua mensagem, e, como um raio laser, ela atravessará até mesmo os clientes potenciais mais impenetráveis com que você se deparar.
- **Expertise:** substituiu o dinheiro como investimento de marketing. *Aqueles que compartilham o maior valor vencem.* Estratégias e táticas estimulantes, aquelas específicas do tipo "faça isso agora", são a moeda do reino. Isso vai além de instruir seus clientes potenciais, vai tão longe quanto definir os critérios de compra ou ajudá-los a fazer sozinhos, se assim preferirem.
- **Abertura:** diz respeito à colaboração. O marketing não pode ser encarado apenas como alguém berrando em um megafone. É um conversa de pessoa para pessoa. Se você pensa em ser a fonte de todas as informações para seus clientes, esqueça! Sua nova função é abrir possibilidades, fazer ótimas perguntas e, então, servir como um filtro, uma lente, um curador. Abertura significa que toda vez que você fala, fala *com* eles; você não fala *para* eles!

26 DESCUBRA QUAIS PÚBLICOS COMPENSAM

Pergunta: a que grupos seus clientes ideais pertencem? A resposta certamente determinará à frente de quais públicos você deseja estar.

Não adivinhe – **peça**.

A seguir, está o roteiro do que (ou como) pedir a seus clientes atuais, potenciais e centros de influência que conhecem bem seu mercado-alvo.

"Estou buscando falar mais para grupos de *buyer persona*. Eu gostaria muito de contar com seus conselhos, insights e recomendações."

Eis outra maneira de pedir.

"De todos os grupos e associações do setor a que você pertence, quais deles proporcionam o maior valor quanto aos oradores e programas que apresentam?"

Com estes roteiros, a conversa natural que se segue, deve se concentrar em seu desejo de servir mais a esse setor ou comunidade e compartilhar informações que os ajudariam a ter ainda mais sucesso.

Resultados prováveis desta conversa:

- nomes de grupos, associações e conferências específicos;
- nomes de pessoas específicas que atuam em comissões e em posições de programação;
- nomes de outros executivos ou tomadores de decisões;
- nomes de outras organizações que precisam de expertise semelhante;
- apresentações de *networking* específicas;
- oferta de recomendações para as pessoas que já conhecem;
- uma oportunidade de reciprocidade, e de perguntar como VOCÊ poderia ser de utilidade para ELES.

A boa notícia: qualquer uma ou todas essas respostas colocarão você quilômetros à frente de onde estaria se não tivesse pedido nada!

A má notícia: encontrar eventos para falar, que você lucre, pode ser como achar uma agulha em um palheiro.

TURBINE! ESTRATÉGIA DE SUCESSO: 10 MANEIRAS DE CONQUISTAR CLIENTES

Henry Devries, MBA

Você quer construir uma boa reputação para impressionar e conquistar clientes? Uma das rotas mais rápidas para isso é falar e digitar. Você precisa promover workshops, fazer palestras e publicações.

Apenas a competência não irá lhe conquistar clientes. Os consumidores hoje são bombardeados com artigos, palestras e seminários que contêm generalidades e não distinguem o autor ou o apresentador dos concorrentes competentes. O segredo é demonstrar que você tem algo a oferecer que seus concorrentes não têm.

A resposta é uma ferramenta de aprendizado negligenciada: conduzir pesquisa proprietária em temas de interesse dos clientes potenciais. E você não precisa ser especialista em pesquisa de marketing para conseguir isso.

A seguir, está um plano de ação de 10 passos para colocar esta estratégia "aprendizado para ganho" em prática:

1. Conduza pesquisas proprietárias que possa usar nos seminários e na publicidade. Lembra-se daquelas palestras na aula de Ciências sobre métodos científicos de pesquisa? Bem, é hora de tirar a poeira deste conhecimento. O método científico diz respeito a observar, formular uma teoria (ou hipótese) e depois fazer experimentos para testar os resultados.

2. A partir de sua experiência e observações, escolha três dos maiores problemas que você resolveu para clientes, e transforme cada um deles em um tema de pesquisa.

3. Pergunte-se: "esta pesquisa será relevante para clientes potenciais e publicações do setor?" Se não for, repense o tema. Se for, prossiga.

4. Busque na internet livros, artigos e estudos publicados relacionados ao tema de sua pesquisa. Reúna dados utilizando-se de pesquisas de opinião, grupos de foco e estudos de análises de casos. Provavelmente, a melhor coisa que você pode fazer é entrevistar uma dúzia de pessoas que correspondem à descrição de seu cliente-alvo. Diga a elas que você está usando a informação para escrever um artigo (e está).

5. Analise os dados para tirar conclusões e fazer recomendações. Escreva um resumo sobre os achados de sua pesquisa (pode ser algo tão simples quanto um relatório ou tão elaborado quanto um livro).

6. Use as informações da pesquisa em seus seminários, palestras, artigos "como fazer", e também no conteúdo de seu site e em sua publicidade.

7. Com base na pesquisa e em sua experiência, crie seu próprio sistema de solução de problemas, aquele que irá ajudá-lo a trair clientes. Descreva o que você já faz para resolver as dificuldades dos consumidores. Então, divida este processo em uma série de passos definidos (geralmente de cinco a sete já são suficientes).

8. Dê um nome instigante para seu processo, normalmente com no máximo quatro palavras, começando com "Processo..." ou "Sistema...", ou "Metodologia..." e terminando com o que define o caráter proprietário.

9. Pesquise no Google ou em um site oficial de patentes para descobrir se você pode usar o nome (veja se já não foi utilizado em seu setor). Busque proteção legal para sua propriedade intelectual. Você pode contratar um advogado para isso.

10. Inclua o processo em seu site, mas forneça apenas uma descrição geral, para que tenha espaço para adaptá-lo a cada situação de vendas. Inclua também o processo em suas palestras, seminários e propostas. Aprimore-o continuamente, e não deixe de documentar as melhorias.

Por que os clientes potenciais devem ouvir você? Porque você tem a pesquisa sobre como eles se comparam a seus pares. É assim que você pode converter os curiosos em clientes. Como disse um velho pastor, você não pode salvar almas em uma igreja vazia.

Henry Devries, fundador do New Client Marketing Institute, é coautor do livro da McGraw-Hill, *How to close deals like warren buffett*. Ex-presidente de uma agência de publicidade da Ad Age 500, Devries faz parte do corpo docente e é reitor-assistente do departamento de educação continuada da Universidade da Califórnia, em San Diego. É colunista de um jornal e coautor de *Self-marketing secrets: Winning by making your name known, Pain killer marketing* e *Closing america's job gap* [nenhuma de suas obras foi publicada em português]. Obteve seu MBA na Universidade Estadual de San Diego e completou cursos certificados na Harvard Business School. Conecte-se com Henry em www.newclientmarketing.com.

27 SEJA SÉRIO

Minha opinião é que você não está se levando a sério o bastante. Como empresário, como líder em pensamento e como conselheiro confiável.

Vamos fazer uma checagem rápida para ver se isso procede.

Planilha de Planejamento para o Fracasso

1. Seu endereço de e-mail termina em @gmail.com.
2. Você não tem um site ou blog para seu trabalho, ideias e serviços.
3. Seus cartões de visita têm aquela borda discretamente denteada.
4. Você diz que é empresário, mas, paralelamente, também é corretor de imóveis, tem um negócio próspero no e-Bay de venda de estatuetas para colecionadores e vende barcos usados no final de semana.
5. Você diz que ama o que faz, só não gosta da parte de marketing.

TURBINE! TORNE-SE UM ESPECIALISTA MAIS SÉRIO E COM MAIS CREDIBILIDADE

Se você concorda (e mesmo se não concorda), por favor enumere cinco ou mais maneiras de como vai começar a ser mais sério, mais crível e mais apresentável como especialista em sua atividade.

1. ______________________________.
2. ______________________________.
3. ______________________________.
4. ______________________________.
5. ______________________________.

Esqueça trabalhar com mais afinco.
O sucesso sempre vem de *pensar com mais afinco!*

Antes de os outros levarem você a sério como especialista, primeiro, você precisa se levar a sério. Então preste atenção em sua **imagem e apresentação de especialista!**

TURBINE! ESTRATÉGIA DE SUCESSO: IMPULSIONE SEU NEGÓCIO COM COMUNICADOS DE IMPRENSA

Dan Janal

Comunicados de imprensa podem ser uma excelente tática para levar mais visitantes a seu site, local em que você pode construir confiança e fechar mais vendas. Eles não só são impressos em jornais e revistas, mas agora estão indexados em motores de busca para que seus consumidores e clientes potenciais possam vê-los também on-line.

Muitos empresários e empreendedores pensam erradamente que um comunicado de imprensa só pode conter notícias, tais como o anúncio de um produto, a contratação de um novo executivo ou o recebimento de um prêmio. Verdade, estes eram, no passado, o pão com manteiga desse tipo de comunicado, no passado, mas hoje eles podem conter muitos temas mais interessantes que ajudam você a conseguir publicidade grátis.

A seguir, estão cinco temas para comunicados de imprensa que você deve considerar publicar:

1. **Comunicados de imprensa não precisam ser baseados em notícias.** Só precisam ser interessantes. É por isso que você vê empresas bem-sucedidas usarem artigos de fundo e artigos informativos como comunicados de imprensa. Essa é a razão de jornais e revistas QUEREREM artigos de fundo e artigos "como fazer". Esses comunicados ajudam os repórteres a escrever estes tipos de histórias.

2. **Comunicados de imprensa podem ser baseadas em opinião.** Se você quer contestar uma política governamental, o re-

latório de uma pesquisa ou a tese de um livro pode fazer isso em um comunicado deste tipo, pois eles ajudam a posicionar você como um líder em pensamento que não tem medo de se opor a uma ideia convencional.

3. **Comunicados de imprensa podem ser curtos.** Se você consegue contar sua história em 100 palavras, faça isso! Uma simples promoção de cargo ou um evento podem ser relatados respondendo a seis perguntas: quem?, O quê?, Quando?, Onde?, Por que? e Como? Que devem ser o fundamento de qualquer comunicado de imprensa.

4. **Comunicados de imprensa podem ser longos.** No passado, os jornais tinham um tamanho limitado. Na internet, porém, espaço não é problema. Você pode contar sua história com quanto detalhe quiser. Obviamente, as pessoas têm janelas de atenção limitadas, portanto, você deve levar isso em consideração. Por outro lado, aqueles que têm um interesse especial no seu tema ou argumento querem ler o máximo de informações que obtiverem.

5. **Você pode escrever comunicados de imprensa sozinho.** Encontre um bom comunicado na internet e use-o como modelo. Ou, então, se tiver verba, pode contratar uma pessoa de RP para escrever o comunicado para você. Certifique-se de que a pessoa tem experiência em notícias de negócios e boa redação para que sua comunicação pareça profissional. Se os repórteres considerarem seu comunicado amador, o jogarão fora.

Comunicados de imprensa podem ser uma maneira excelente de atrair novos clientes potenciais e fechar mais vendas.

Se você seguir essas dicas, terá muitas ideias sensacionais de temas de comunicados para promover o seu negócio.

Dan Janal, autor de *Reporters are looking for you!* [ainda não publicado em português], ajuda pequenas empresas a conseguir publicidade para que possam vender mais produtos e serviços. Seus clientes obtêm resultados incríveis com o *coaching*, a consultoria e, os serviços personalizados e suas ferramentas de "faça sozinho". Para mais informações visite www.prleadsplus.com.

28 CAÇAR PRESAS FAZ DE VOCÊ UM TOLO

É incrível como quantos empresários, empreendedores e profissionais liberais caem na armadilha do marketing da autopromoção, da súplica patética e da "autocomoditização".

Do que estou falando?

Pertenço a vários fóruns on-line, sites de interesses especiais e conselhos de organizações privadas como a National Speakers Association, Sales and Marketing Executives International e Vistage, a maior organização de CEOs do mundo.

Surgem, no mínimo semanalmente, pedidos de recomendação para vários tipos de consultores, fornecedores e empresas de serviços profissionais.

E, tão certo como o Sol nasce no Leste e se põe no Oeste, existem estúpidos desesperados que surgem das profundezas e respondem como tubarões perseguindo presas em águas ensanguentadas.

Em vez de se posicionarem como especialistas e fornecerem recomendações quando solicitados, eles veem esses pedidos como oportunidades de jogar seu jogo favorito "pega-pega".

Estou trabalhando com um cliente que precisa de um palestrante especializado em crescimento (de preferência relacionado a franquias). Alguém pode me recomendar um orador fantástico, e com nível executivo engajador neste tema?

- **Resposta 1:** Sou palestrante profissional de temas como comunicação, diversidade e crescimento pessoal e empresarial. Minha empresa cresceu 15% no último ano, portanto, tenho alguns insights no tema.
- **Resposta 2:** Trabalhamos extensivamente com crescimento, estratégia e marketing de organizações de franquia. Ficaria feliz em explorar se o vasto conhecimento sobre crescimento de franquias, que temos em nosso setor, seria adequado para seu cliente.
- **Resposta 3:** Sou ex-VP da cadeia Hilton Worldwide, especificamente da marca Homewood Suites. Desempenhei um papel integral em ajudar a dobrar o tamanho da marca – de 75 propriedades para 150 –, no período de quatro anos. Não tenho certeza se o setor de hospitalidade seria a escolha ideal para seu cliente, no entanto, ficarei feliz em saber mais sobre as necessidades dele.
- **Resposta 4:** Existe um birô de nicho fantástico no mundo da franquia dirigido por Katrina Mitchell – esse pessoal é altamente versado em franquias: www.franchisespeakers.com. Além disso, T. Scott Gross seria um "golaço" para este tipo de grupo também – e é por isso que ele está entre as pessoas com quem Katrina trabalha!
- **Resposta 5:** Sou tanto palestrante como proprietário de uma franquia no varejo, portanto, posso ser uma boa opção se eles ainda estiverem procurando. Sou orador especializado em liderança com foco na construção de confiança entre membros da equipe. Também sou proprietário de duas unidades franqueadas e estou no processo de expansão para uma terceira. Veja meu perfil para mais informações, se posso ser de ajuda.

Vou parar por aqui, porque citar mais dessas pessoas me deixaria nauseado.

Lição: só existe uma resposta de conselheiro confiável. Você consegue ver qual foi? Foi a que ofereceu ao solicitante o que ele QUERIA: especificamente, uma RECOMENDAÇÃO e não uma autopromoção de vendas.

A definição de conselheiro confiável é a de um profissional que coloca os interesses do cliente na frente de seus próprios.

As pessoas das respostas 1, 2, 3 e 5 posicionam-se como MASCATES, não como PARCEIROS.

Lembre-se: caçar presas faz de você um idiota.

Não faça isso.

Existem abordagens melhores.

1. **Peça a um de seus clientes, para quem você fez um trabalho semelhante,** para visitar aquele fórum e postar uma recomendação sua. O endosso de um terceiro tem o peso de uma TONELADA muito mais que autopromoção em vendas.
2. **Leve a conversa para o off-line.** Conecte o solicitante da recomendação com a pessoa que você gostaria de indicar (ou se você estiver novamente no modo autopromoção, então, simplesmente, conecte um cliente anterior seu com os dados de comunicação do solicitante e peça ao cliente para entrar em contato diretamente).
3. **Troque referências e endossos.** Este é um de meus favoritos. É mais **inteligente** que a autopromoção e mais **fácil** se reconectar com clientes anteriores. Estabeleça um círculo confiável de cinco a sete empresários, executivos ou provedores de serviços profissionais em cujo trabalho você acredita e que teriam prazer em endossar sua reputação. Ofereça para trocarem referências para oportunidades como aquela anterior.

No meu círculo, por exemplo, tenho:

- Uma guru em liderança feminina, cuja mensagem foca em equilíbrio, confiança e diversão das mulheres.
- Um autor best-seller do no segmento de saúde e palestrante renomado.

- Um dos maiores especialistas do Brasil em cultura de crescimento de vendas.
- Um instrutor "de primeira" em competências de apresentação (virtual e pessoalmente).
- Um dos humoristas motivacionais mais engraçados do planeta.
- Um especialista em *networking* e recomendações, focado nos setores de seguros e imobiliário.
- Um especialista em liderança de pequenas empresas, autor de best-sellers e sobrevivente do furacão Katrina.

Pare de caçar presas e não parecerá um idiota.
Pergunta: quem faz parte do SEU ciclo de recomendações? Mãos à obra, crie o seu hoje!

PARTE CINCO

DOMINE A MÍDIA SOCIAL

29 CRIE SCRIPTS PARA ARRASAR EM REDES SOCIAIS

A ÚLTIMA coisa de que quero ser chamado é de **especialista em mídia social.** Eca. Isso não é o que faço e não é quem sou. Não mesmo.

Melhorando. SOU um entusiasta das redes sociais. Eu amo redes sociais e acho que a mídia social é uma ferramenta excelente para adicionar a seu plano de ação de marketing na internet.

É **perfeito** para todo mundo? Não.

É **útil** para alguns? Sim.

É **vital** para uns poucos? Com certeza.

Então, para aumentar a eficácia de seus esforços de mídia social, **você precisa saber o que dizer e como dizer.**

A maioria dos modelos de contato inicial que essas ferramentas oferece – assim como o convite de conexão padrão do LinkedIn, o convite para adicionar amigos do Facebook e outros – é bastante fraco.

Calma, você está prestes a se conectar com alguns scripts "de arrasar" para redes sociais, que poderá adaptar sozinho para se tornar MUITO mais eficiente em criar sua "tribo" on-line.

LINKEDIN

Revisão de fundamentos do marketing: as pessoas se preocupam com VOCÊ ou com elas mesmas? Sim, isso mesmo! Cinco pontos de bônus. Elas não dão a mínima para você, estão 100% preocupadas consigo mesmas.

Agora, veja o convite padrão de contatos do LinkedIn:

> *Eu gostaria de adicioná-lo à minha rede profissional no Linkedin.*

Hummm... Como você se sente sobre ser "adicionado"? E quem se importa com "rede profissional"? Está tudo errado.

Veja seu novo modelo. Note a **mudança no foco e no benefício.** Além disso, acrescentei uma frase com mais valor ainda:

Gostaria de colocar minha rede profissional no LinkedIn a sua disposição. Depois de se conectar, veja se ela tem alguém a quem você gostaria de ser apresentado, é só me avisar. Desde já, obrigado.

FACEBOOK

É mais difícil fazer besteira aqui, mas mesmo assim tenho um script de conexão útil para você.

Note que na sua lista de amigos no Facebook, as pessoas conectadas a eles aparecem categorizadas como "Amigos comuns". Você pode se conectar com elas, mas a chance é enorme de elas não terem a menor ideia de quem você é. Portanto é preciso de um texto divertido, comunicativo e atraente quando quiser clicar para se conectar com desconhecidos. Depois de clicar em "Adicionar aos amigos", vá a caixa de diálogo que diz "Mensagem" e digite uma mensagem pessoal:

Vanessa, uau! Temos 85 amigos em comum. Precisamos nos conectar para podermos falar de todas essas pessoas!

TWITTER

Primeira regra: **não mande mensagem direta (DM) automático.** As pessoas detestam isso. Eu detesto isso. A maioria dos "tuiteiros" decentes detesta isso também.

Elas são usadas por *spammers,* marqueteiros e vendedores desesperados. Não seja um destes caras, ok?

Não sabe como ativar DM? Ótimo. Você não precisa saber.

Eu não pedi especificamente para você NÃO mandar isso? Não importa o quanto "legais, valiosas e amigáveis" você ache que elas são, NÃO mande.

Esta próxima parte não é um script, é mais um exercício. É chamado de *engajamento*.

Em vez de simplesmente disparar "tuítes" inteligentes e "retuitar" outros, construa relacionamentos. Minha receita para sucesso nas redes sociais (como entusiasta da mídia social, você se lembra?) é a **fórmula dos 3Rs:**

- **Recursos:** você com certeza compartilha suas postagens em blogs, suas microideias e "retuítes" de links legais e pensamentos de outras pessoas. Para sua primeira semana no Twitter, não tem problema. Na segunda, no entanto, é melhor se ocupar com...
- **Relacionamentos:** construa relacionamento com outras pessoas a quem segue, admira ou se identifica. Use mensagens @ públicas ou DMs privadas para se conectar com elas, comentar sobre contribuições recentes ou agradecer uma ideia. Seja específico. Não "tuíte" apenas "@tmoller – Ei, legal!" em vez disso "tuíte" "@tmoller Tiago, que ideias incríveis em seu livro sobre scripts para redes sociais. Obrigado!!!"
- **Reciprocidade:** quando estiver com o Twitter em plena ação, terá construído alguns bons relacionamentos e será visto como um recurso valioso e contribuidor. Será natural que as pessoas comecem a promover você com algum sentimento recíproco. Elas responderão a suas ideias, "retuitarão" para você, promoverão você nas recomendações #followfriday delas. Elas coçarão suas costas, conforme você coçar as delas.

É isso que coloca o "social" na mídia social, e é isso que vai ajudar você e sua empresa a destacarem-se na multidão!

TURBINE! ESTRATÉGIA DE SUCESSO: SEJA PROGRAMÁTICO EM SEU MARKETING

Mary Foley

Quando se trata de marketing, especialmente com mídia social, Deus sabe como é fácil se sentir estressado e pensar: "Como fazer tudo isso e ainda por cima tocar meu negócio?" Eis a solução que funcionou para mim: seja programático. Pense *Programação + Automação = Você parecendo um gênio do marketing!*

O primeiro passo para ser programático é decidir quais plataformas de mídia social, de fato, atingem verdadeiramente seu público-alvo. Twitter, Facebook, LinkedIn, Tumblr, Pinterest e outros não são criados da mesma forma. Escolha dois ou três nos quais seus clientes potenciais aparecem e concentre sua energia lá.

Segundo, assim como um produtor de programas de TV, um publicitário ou um apresentador de programas de rádio pense adiante e programe seu conteúdo. Considere perguntas como: quais são meus principais tópicos e mensagens? Como esses tópicos fluem logicamente ou evoluem de um para outro? Posso criar temas semanais ou mensais que dividem minha macromensagem em partes menores, consumíveis? Quais serviços quero apresentar ou que ofertas desejo fazer?

Percebi o valor de ser programático quando fui coapresentadora de um programa de rádio chamado *Amiga, precisamos conversar*, durante três anos. Quando comecei, nossa abordagem era: "quem conhecemos para entrevistar no programa da semana que vem?" Toda semana isso era um sufoco que consumia tempo e sempre arruinava o resto de minha agenda. Depois de um tempo, cansei. Como um Manah de criatividade que cai do céu, em um momento de frustração percebi que se criássemos temas mensais, poderíamos centrar nosso foco, procurar convidados apropriados e agendar a participação deles com um mês ou mais de antecedência. Mais ainda, poderíamos pré-gravar um mês de programação em duas tardes e depois transmitir na estação nas semanas seguintes. Por que não pensei nisso antes?

A lição não foi perdida quando decidi que era estrategicamente necessário levar o aprofundamento na mídia social para minha atividade empresarial. Queria passar de postagens em blogs e atualizações em redes sociais irregulares para uma presença consistente e ativa nas redes, sobretudo no LinkedIn. Minha expertise diz respeito a aumentar o equilíbrio de mulheres ocupadas entre sua vida pessoal e sua carreira, e paralelamente divertir-se um pouco – eu mesma inclusive! A única maneira de conseguir ir de 0 a 100 km/h em 5,7 segundos e, ao mesmo tempo, manter meu equilíbrio era sendo programática.

Primeiro, decidi usar artigos postados em blogs como conteúdo principal para mostrar minha expertise. Então, utilizando ferramentas de mídia social, defini um processo para que esses blogs fossem postados automaticamente em minha página no Facebook. Como mídia social também diz respeito a compartilhar recursos de outras pessoas, criei um conteúdo mensal para postar no Facebook com links para terceiros, infografia e citações que davam suporte à minha mensagem e marca. Toda semana eu oferecia um *post* "Segunda-feira Impulsionadora de Carreira", "Quarta-feira Teste de Sanidade", "Sexta-feira Divertida". Este mesmo conteúdo era usado para escrever "tuítes" e postar no LinkedIn. Uma vez criadas, as mensagens eram carregadas para postagem automática. Quando aparecia algo que precisava ser acrescentado ao mix, era fácil de incluir.

O bom de ser programático é que você cria um conteúdo central consistente, que mostra sua expertise, para um determinado período de tempo, carrega este conteúdo usando ferramentas de automação e depois deixa rolar. Então, tudo o que precisa fazer é reservar 15 minutos por dia para checar cada plataforma de mídia social, fazer comentários, enviar respostas pessoais, "curtir" as postagens de outras pessoas, "tuitar" e realmente mostrar envolvimento, que é a essência para cultivar relacionamentos, gerar leads e colher uma abundância de clientes potenciais e fiéis.

Depois de por de lado um diploma em Engenharia, Mary Foley construiu uma carreira de dez anos na AOL durante a ascensão meteórica da empresa para se tornar uma marca global. Iniciando como representante de atendimento ao cliente, ela foi promovida a gerente em três anos, liderou um telemarketing com 250 pessoas e tornou-se diretora de treinamento dos 12 mil funcionários da empresa.

Atualmente, Mary inspira mulheres ocupadas dando conselhos práticos para ter equilíbrio em suas vidas e confiança em suas carreiras – e ao mesmo tempo divertir-se um pouco! Ela é autora de três livros, uma palestrante bem conhecida nos Estados Unidos e excelente *coach*.

Para mais ideias e recursos visite http://maryfoley.com.

30 SETE REGRAS PARA SUA ASSINATURA DE E-MAIL

Meu cliente de *coaching* em marketing estava refazendo seu site. (Você consegue sentir a felicidade dele?)

Ele havia acabado de receber da gráfica seu novo lote de cartões de visita. (Você consegue sentir o cheiro desses cartões novos?)

Em nossa teleconferência seguinte, ele perguntou: "David, o que devo escrever em minha assinatura de e-mail?"

Aha! Pergunta ardilosa.

O que se seguiu foi um minisseminário, uma palestra de bolso e um micromanifesto sobre **os prós e contras da assinatura de e-mail**.

Após ler este capítulo, você estará armado e será perigoso na zona de combate da assinatura de e-mail. Soldado a postos. **Avançar**!

1. NÃO deixe de ter uma. Assinatura de e-mail é marketing grátis. Se você manda 50 e-mails por dia, são 50 oportunidades de marketing desperdiçadas se sua mensagem não tem um bloco de assinatura. Você não sairia em público sem roupa, então não deixe que seus e-mails saiam também!
2. Não torne VOCÊ o tema principal. "Leia meu blog", "Compre meu livro", "Contrate-me" são maneiras incrivelmente infantis, egocêntricas e (francamente) repulsivas de terminar um e-mail. Esta abordagem é completamente destituída de valor para o leitor, e você, na verdade, está repelindo clientes potenciais porque parece desesperado e necessitado.
3. Inclua SIM uma Chamada Para Ação focada em VALOR. Você certamente quer que as pessoas se mobilizem, mas também quer proporcionar uma boa razão para que façam isso. A seguir, está o exemplo de um bloco de assinatura de e-mail que usei com sucesso no passado. Preste atenção no fator "e daí?", que proporciona para as pessoas tanto a *ação* a empreender, como o valor/benéfico que obtêm:

Três recursos GRÁTIS [em inglês] que você pode lançar mão imediatamente:

1. Assine para receber ideias de marketing rápidas, ousadas e inteligentes: **www.doitmarketing.com/blog.**
2. Siga-me no Twitter para obter microideias legais para impulsionar seu negócio: **www.twitter.com/dnewman**.
3. Vamos nos conectar no LinkedIn para que você tenha acesso às minhas mais de 20.000 conexões: **www.linkedin.com/in/davidjnewman.**

4. Inclua SIM seu número de telefone. Isso é realmente básico, mas você ficaria surpreso com a quantidade de empresários e empreendedores que esquecem de incluir o telefone em suas assinaturas de e-mail. Isso está se tornando cada vez mais importante à medida que as pessoas passaram a ler seus e-mails no celular. E alguns de seus clientes potenciais, consumidores e colegas simplesmente PREFEREM o telefone. Então, facilite as coisas para que eles contatem você desta maneira.
5. Inclua SIM um testemunho. **Ou três.** Você faz um trabalho excelente, certo? Seus clientes adoram você, correto? Então, por que não *provar* isso em cada e-mail que você envia, *especialmente* naqueles de prospecção e para novos clientes? Meu apelido para testemunhos é "dar um soco na cara das pessoas com provas". (Minha outra metáfora violenta é "dar um soco na cara das pessoas com marketing de conteúdo", que é "dar um soco na cara das pessoas com valor". Talvez eu devesse ter sido boxeador.)
6. Não se limite a UMA assinatura de e-mail. Tenha duas ou três prontas, baseadas em para quem você está escrevendo, sobre qual produto ou serviço está falando e em como gostaria de estruturar seu posicionamento. Em minha empresa, trabalho

com dois tipos principais de clientes: os oradores em palestras/seminários e os de *coaching* em marketing/consultoria. Portanto, meu **bloco de assinatura de oratória** inclui minha frase de efeito de proposta de valor e testemunhos de três clientes de oratória. E meu **bloco de assinatura de *coaching* em marketing/consultoria** tem as mesmas informações de contato, mas uma declaração de proposta de valor diferente e um testemunho incrível de um de meus clientes de consultoria.

7. Seduza, SIM; NÃO solicite impositivamente. Eis o que não funciona em uma assinatura de e-mail (ou em qualquer outra ação de marketing): solicitar com força bruta. "Compre minha porcaria" é uma mensagem de marketing bem vil.

Em vez disso, foque na sedução; puxe em vez de empurrar. Duas específicas recomendações de marketing para você se tornar mais sedutor (nos e-mails e em tudo o mais!) são:

- Ofereça valor ("Aqui está um recurso... Uma ideia... Uma ferramenta... Um artigo... Uma recomendação").
- Convide ao envolvimento ("O que você acha?"; "O que funcionou para você?"; "Como posso ajudar?"; "Vamos abordar isso logo?").

Então... O que VOCÊ acha? O que funcionou para você? Como posso ajudar? Vamos abordar isso logo? (Falando sério, envie um e-mail para mim em david@doitmarketing.com e vou ter o maior prazer em ver sua assinatura de e-mail, e em responder suas perguntas também! [e-mail em inglês])

31 O VERDADEIRO GUIA DO IDIOTA PARA MARKETING EM MÍDIA SOCIAL

Muitos empresários, marqueteiros e profissionais de vendas querem se envolver em mídia social, mas, infelizmente, não entendem o **intuito, as ideias e os fatores de influência** que a tornam uma tática tão eficiente em seu arsenal de marketing.

Como posso colocar isso? Bem, eles são IDIOTAS.

Calma. IDIOTA é um acrônimo que representa os seis principais erros, incluindo interpretações errôneas, suposições falhas e pilares do pensamento tolo, que impedem a maioria dos profissionais líderes em pensamento (VOCÊ talvez?) de gerar o máximo de resultado a partir dos esforços em mídia social.

Vamos explorar esses seis erros e fornecer algumas estratégias, indicadores e táticas para garantir que VOCÊ não cometa os mesmos equívocos. Eles são:

I: Individualismo – a síndrome do "Eu, Mim, Meu"
D: Decaída
I: Informação sem convite
O: *Overselling* – oferta exagerada
T: Travando conversas sem ação
A: Atenção no curto prazo

Agora examinaremos cada um deles mais detalhadamente, e também como usar marketing em mídia social corretamente.

32 I: INDIVIDUALISMO – A SÍNDROME DO "EU, MIM, MEU"

Não, seus *posts* na mídia social NÃO precisam ser todos sobre você.

Na verdade, se tudo o que você fala só faz menção a VOCÊ – sua empresa, seus produtos, seus serviços, sua marca, seu blog, seus recursos – as pessoas vão ignorá-lo, desconectá-lo e rejeitá-lo pelo IDIOTA que é. (Por favor, lembre-se IDIOTA é um acrônimo; não leve minha afirmação para o lado pessoal!)

Como fazer a coisa certa: especialistas promovem outros especialistas, não ficam inseguros em dirigir o holofote para os demais, são curadores e indicadores de coisas legais.

Especialistas convidam outros especialistas para postar em seus sites e são, por sua vez, convidados a fazer o mesmo; compartilham, colaboram e promovem "casadamente" outros negócios com uma mentalidade de abundância, não de escassez.

O mantra vai além de "dar para receber"; na verdade, é "dar para dar". Faça isso e o sucesso na mídia social será seu.

Contanto que se possa confiar em VOCÊ e SUA empresa para compartilhar conteúdo interessante, relevante, valioso e, às vezes, até mesmo provocador, guiar seus seguidores para as coisas boas on-line e posicionar-se como um guia e assessor confiável em sua área de expertise, você receberá *muita* atenção, amor e respeito. Receberá ainda MAIS se não for acusado de promover apenas a si próprio.

Cresça. Destaque-se. Seja um especialista de verdade, e aprenda de uma vez por todas: não tem a ver com VOCÊ.

Pergunta: quando foi a última vez que você promoveu um amigo empresário, especialista ou líder em pensamento em alguma de suas comunicações de marketing?

***TURBINE!* PROMOVA OS OUTROS!**
Aceite *posts* de convidados em seu blog, envie e-mails apresentando os produtos/serviços deles, entreviste-os para seus clientes e seguidores ou publique os artigos deles em sua *newsletter.*

33 D: DECAÍDA

Este erro vem do medo que você tem de que se revelar suas MELHORES ideias, estratégias, ferramentas, insights e outros molhos secretos (sim, aquelas mesmas ideias que estão em seus produtos e serviços, e pelas quais você recebe uma "GRANA ALTA" de seus clientes), você, de certo modo, **diminuirá a demanda** paga para esses produtos e serviços.

Então você decai, ou mais especificamente, baixa o nível. Posta aquele artigo de segunda classe. Remove alguns detalhes da página de especificações porque quer que as pessoas comprem seu serviço de consultoria, e não que façam sozinhas. Disponibiliza o vídeo com apenas três das suas principais 10 ideias, porque, afinal, se mostrar as 10 eles nunca vão contratá-lo.

Sim, você adivinhou: isso é pensamento IDIOTA mostrando a cara.

COMO FAZER CERTO

A verdade é que a coisa funciona da forma exatamente oposta. A ÚNICA maneira de as pessoas pagarem uma grana alta para você é se puderem PRIMEIRO experimentar sua genialidade – se conseguirem sentir, tocar e vivenciá-la. SÓ ENTÃO elas irão mostrar seu site para o chefe ou – melhor ainda – enviarão um e-mail com seu link para outro tomador de decisões.

Imagine que os **Rolling Stones** decidam que querem encher seus concertos em estádios com os fãs pagando trezentos reais por um ingresso, para que possam ganhar dezenas de milhões de reais. E se eles perseguirem esta meta proibindo as estações de rádio de tocarem suas músicas (deixando que as pessoas ouçam de graça, que absurdo!). Depois retirando suas músicas de sites como Amazon e iTunes porque – meus Deus! – se as pessoas conseguem ouvir as mesmas músicas por 0,99 centavos, nunca pagarão 300,00 para vir ouvir ao vivo.

Quando você coloca este pensamento tacanho no contexto da indústria da música, consegue ver exatamente o quanto ridiculamente errado é o argumento!

Você quer ser alguém AMEDRONTADO ou alguém COMPARTILHADO? A escolha é sua!

Pergunta: quando foi a última vez que você compartilhou, de graça, algo que é tão valioso que as pessoas pagaram um bom dinheiro por isso ao fazer negócios com você?

TURBINE! COMPARTILHE GRATUITAMENTE VALOR

Examine com atenção todas as coisas realmente boas que você oferece para seus clientes quando eles compram seus produtos ou serviços.

Agora, escolha um item com valor próprio e crie um mecanismo para começar a oferecer isso **de graça**.

Uma avaliação, uma amostra, uma *checklist* "faça você mesmo", um presente - qualquer coisa que faria um cliente potencial dizer, "Uau! Se eles estão distribuindo esse negócio de graça, imagine quanto mais viria se fôssemos clientes!"

34 I: INFORMAÇÃO SEM CONVITE

As mídias sociais e seu blog não são um "lixão" para seus comunicados de imprensa "zuados", aqueles que você nunca conseguiu publicar nem mesmo em um jornal de bairro.

Informações consistentes, atuais e altamente relevantes são **NECESSÁRIAS,** mas não **SUFICIENTES** para alimentar sua Plataforma de Liderança em Pensamento e construir seu império como uma empresa inteligente.

SEGREDO DA INTERNET
A internet, na verdade, NÃO precisa que mais informações sejam postadas. Nem de você. Nem de mim. Nem de ninguém.

Como fazer certo! Uma campanha eficiente em mídia social compartilhará informações com **valor próprio** e, então, proporcionará uma **conversa a dois (ou a cinco, ou a 17...)** sobre essa informação. **Como? Simples: fazendo perguntas, buscando engajamento, convidando ao envolvimento.**

Exemplos

- Em seu blog, termine cada *post* da seguinte forma: "O que VOCÊ acha? Use a área de comentários abaixo e compartilhe suas experiências ou conselhos sobre este tema."
- No Facebook, não dogmatize com seus *posts*. Engaje seus amigos com perguntas como: "Como você lidaria..." ou "Procurando boas ideias para..." ou "Acabei de 'blogar' sobre o Tema X, adoraria ver seu comentário."
- No Twitter, não encha de mensagens de biscoitos da sorte. Faça PERGUNTAS. Questões simples conseguem resultados incríveis. Por exemplo: "o que é empolgante em SEU mundo?", "Em que você está trabalhando agora?" ou até se divirta um pouco com "tuítes" como: "complete: sou apaixonado por..." Para aumentar (ainda mais) o engajamento no Twitter, sinta-se à vontade para acrescentar SELETIVAMENTE o pedido "Por favor, 'retuíte'" para que sua pergunta de engajamento se espalhe. *Nota:* NÃO use este pedido em mais de 5% de seus "tuítes"; caso contrário você vai parecer triste, desesperado ou solitário.

TURBINE! "O QUE VOCÊ ACHA?"

Ofereça valor, busque opiniões, desencadeie conversas e faça as perguntas mais poderosas de vendas, de marketing, de liderança e de relacionamentos.

Chame para um diálogo em seu blog ou nos sites de mídia social de sua empresa convidando, explicitamente, outras pessoas a postarem ideias, opiniões e feedbacks.

TURBINE! ESTRATÉGIA DE SUCESSO: FOQUE EM SEUS GATILHOS DE CONVERSA

Jay Baer

O elemento mais importante de um programa de mídia social é tornar sua empresa digna de discussão.

Nós não "tuitamos" qualquer coisa.

Não carregamos blá-blá-blá no Facebook.

Usamos a mídia social para expressar sentimentos antagônicos de fascinação e de frustração. Então, por que tantas empresas seguem a regra do convencional, e, no entanto, esperam que os clientes bradem dos telhados digitais sobre produtos e serviços incrivelmente medíocres?

Se você pretende usar mídia social para realizar qualquer coisa de valor deve ter um Gatilho de Conversa que arranque seus defensores de seus estados naturalmente letárgicos e faça com que digitem mensagens concisas de adoração.

Mas, o paradoxo é que os Gatilhos de Conversa na mídia social geralmente ocorrem off-line, não on-line. A comida excelente, o atendimento ao cliente excepcional, o traje de banho de arrasar, o contador super gente boa, todos se manifestam no mundo real, não no virtual.

Usamos o digital para comunicar o analógico. Na verdade, o Keller FayGroup estima que 91% do boca a boca sobre empresas acontece off-line; isto é, usamos a mídia social apenas para discutir coisas que REALMENTE nos deixam com vontade de bradar ou chorar, não as vitórias e derrotas mundanas que experimentamos com marcas diariamente.

Como você constrói um Gatilho de Conversa para sua empresa?

Opção 1: Gatilho de Conversa Espontâneo

Os Gatilhos de Conversa que geram comportamentos de suporte e recomendação mais intensos são aqueles que acontecem ao acaso. São ocorrências momentâneas, quando **uma marca supera dramaticamente suas expectativas (tipicamente baixas)** de uma forma surpreendente, fazendo com que os receptores e os observadores agarrem o *smartphone* mais próximo e postem mensagens como: "você NÃO vai acreditar o que aconteceu comigo", o que coloca um sorriso no seu rosto e faz você repensar (talvez subconscientemente) os valores e o mérito da empresa em questão.

Um Gatilho de Conversa espontâneo aconteceu comigo quando um comissário de bordo da Southwest Airlines fez um menino ganhar o dia afixando seu desenho de lápis de cera na frente da cabine e agradecendo a ele publicamente. Foi uma das coisas mais calorosas e genuínas que já vi. "Bloguei" isso na mesma hora (via Wi-Fi do avião). A Southwest subsequentemente escreveu sobre meu *post* em seu blog e também mencionou na revista de bordo alguns meses mais tarde.

O comissário de bordo, inclusive, foi parabenizado no *podcast* dos funcionários. O Gatilho de Conversa Espontâneo foi a ação do comissário de bordo e gerou muita conversa e adeptos.

O que cria este tipo de gatilho não é um plano ou uma planilha, mas uma cultura corporativa. Uma cultura em que os funcionários têm autonomia para atuar fora do script.

Opção 2: Gatilho de Conversa Planejado

Outra maneira de gerar adeptos, alimentada por mídia social, é com Gatilhos de Conversa Planejados. Neste caso, a marca **usa dois aspectos de descomunal excepcionalidade de uma forma premeditada para estimular declarações digitais de suporte.**

O Gatilho de Conversa Planejado, obviamente, é mais confiável e pode ser medido, testado e otimizado. A única coisa que não pode ser é falso. Se uma marca o adota e "provoca" os clientes a criarem boca a boca, este gatilho deve ser extraordinário.

Recentemente, deparei-me com um Gatilho de Conversa Planejado de uma empresa de lareiras para ambientes externos chamada Blue Rooster. Decidi comprar uma lareira Blue Rooster com base nas críticas positivas sobre o tamanho e sobre o estilo. Foi entregue no prazo estipulado, era de melhor qualidade do que eu previa, mais fácil de instalar do que temia e funcionou melhor que esperava.

Porém, **a melhor parte foi o Gatilho de Conversa.** Dentro da embalagem de peças de cada lareira Blue Rooster (eu suponho) vem um envelopinho maravilhoso contendo três cartões de visita da empresa. No envelope está escrito: "Confie em nós, todos vão lhe perguntar sobre a lareira Blue Rooster. Se você não tiver vontade de falar, simplesmente entregue um desses cartões para a pessoa! Ligue ou envie um e-mail para nós se precisar de mais cartões!"

De fato, vários de meus amigos perguntaram sobre ela e eu distribuí os cartões.

É muito difícil ser extraordinário on-line se você não é extraordinário off-line. Qual é SEU Gatilho de Conversa?

Jay Baer é um estrategista de mídia social e conteúdo, palestrante, autor despretensioso e amante de tequila. Ele fundou a Convince&Convert em 2008. Esta foi a quinta empresa de serviços de marketing que ele criou ou administrou.

Jay foi consultor de marketing digital para mais de 700 empresas desde 1994, incluindo Cat (Caterpillar), Nike, California Travel & Tourism Comission, Billabong e

Fortune 500. Foi considerado um dos melhores consultores em mídia social pela revista *Fast Company*, e o blog da Convince&Convert é considerado como o recurso de conteúdo de marketing número um do mundo.

Ele é coautor de *The now revolution: 7 shifts to make your business faster, smarter and more social* (Wiley, 2011 – ainda não publicado em português), um livro líder em mídia social empresarial. É um investidor anjo ativo e está envolvido em consultoria para diversas *start-ups* de mídia social e conteúdo de marketing. Conecte-se com Jay em www.convinceandconvert.com.

35 O: *OVERSELLING* – OFERTA EXAGERADA

Um empresário particularmente IDIOTA ostentou orgulhosamente que *todos* os seus *posts* em mídia social têm um hyperlink. Cada... Um... Deles...

Hyperlink para onde, você pergunta?

Para sua loja on-line, para seus produtos, para sua página de consultoria e para sua descrição dos serviços.

Segundo o próprio: "Se você não vincula cada postagem a uma oportunidade de venda, só está colocando um monte de lixo sem retorno lá, e nunca vai ganhar dinheiro com isso."

Isso é um pensamento, no mínimo, IDIOTA. E a notícia triste é que também é a principal reclamação da maior parte dos compradores sobre como a maioria dos empresários e das pequenas empresas se promove. É sempre uma autopromoção exagerada, sem nenhuma importância para os compradores e suas organizações e nenhuma relevância para ajudá-los a resolver seus problemas urgentes, disseminados e caros.

Mídia social não tem a ver com postar: "veja aqui como comprar minha porcaria". Não tem a ver com criar uma dúzia a mais de páginas de vendas para seus produtos, serviços ou programas.

Se seu objetivo é: vender no Twitter, vender no Facebook, vender no LinkedIn, vender no YouTube...

Seu resultado será: perder seguidores, perder amigos, perder conexões, perder assinaturas. Você já era. Adeus.

Como fazer certo: conteúdo vem antes de comércio. Ofereça soluções, respostas, estratégias, modelos, ferramentas e ideias – não mensagens de vendas.

Por que? Porque você está vivendo em um ambiente de **atenção voluntária.** Acabou a era da velha escola de marketing *outbound* (*cold calls* aleatórios, mala direta, compra de espaço publicitário e trabalhar duro para interromper estranhos).

A nova realidade é: **primeiro você ganha a atenção deles, DEPOIS ganha o dinheiro.**

Pergunta de ação: como você pode transformar sua próxima mensagem de vendas em uma mensagem de valor? Como você pode resolver, consertar, aconselhar e guiar em vez de martelar a cabeça de seus clientes potenciais com mais uma mensagem "compre minha tralha"? E qual das mensagens você acha que eles vão manter, compartilhar, encaminhar e lembrar-se de você?

TURBINE! ESTRATÉGIA DE SUCESSO: TRÊS MANEIRAS DE SER VISÍVEL E CRÍVEL NA MÍDIA SOCIAL

Corey Perlman

Se você não está gerando negócios com a mídia social, ela é apenas um hobby. A seguir, estão três maneiras de você dar uma sobrecarga em seus esforços.

1. **Pesque onde os peixes estão.** Em que lugar seus consumidores e clientes potenciais estão passando o tempo on-line? Se eles estão na faixa dos 50 anos ou mais, a probabilidade é grande de que não estejam no Twitter. Então, não sugiro que você gaste muito tempo lá! Você não precisa estar em todos os sites de mídia social. REPITO: você não precisa estar em todos os sites de mídia social. Decida onde seu público está passando mais tempo on-line, e finque sua bandeira nesses sites. Se seu alvo são empresas maiores o LinkedIn provavelmente é o lugar em que vai querer passar mais tempo. Se as pessoas estão usando o Google para achar você ou sua empresa, então, certifique-se de que sua página no Google+ Local Business está em ordem reivindicando propriedade da página e fazendo com que consumidores felizes falem bem de você. Mais sobre isso daqui a pouco.

2. **Tenha orgulho de seus perfis.** Quando as pessoas fazem pesquisas on-line sobre você ou sua empresa, qual é a impressão delas? Uma coisa é certa: você ou vai ganhar ou vai perder credibilidade na visão dos consumidores. A seguir, estão três maneiras rápidas de garantir que a primeira impressão seja boa:

   - Tenha um site atraente e amigável. Isso continua sendo seu maior patrimônio on-line. Ele precisa ser alimentado e mantido. Sua página pode não ganhar um negócio para você, mas com certeza pode perder.
   - Números altos. Se for um site de mídia social, como uma página de fãs no Facebook ou um perfil no LinkedIn, nada deixa mais subentendido "pequeno", "impopular" e "antiquado" que números baixos. Então se esforce para ter muitos fãs em sua página no Facebook, conexões no LinkedIn ou seguidores no Twitter. Sempre que decidir criar um perfil invista em aumentar seus números.
   - Críticas positivas. Não há muito o que você possa fazer para impedir que ocorra uma crítica negativa. É a internet e as pessoas adoram usá-la como palco para suas infelicidades. Então não se desespere se receber alguma reclamação no Google ou em outro lugar qualquer. Para se proteger seja proativo em receber críticas positivas. Seus melhores clientes podem escrevê-las na página

de sua empresa no Facebook, em seu perfil pessoal no LinkedIn, na página do Google+ Local Business ou em outro lugar. Só não se esqueça de pedir!

3. **Crie um conteúdo engajador.** Se fosse fácil usar a mídia social todos estariam fazendo isso. Espera aí, todo mundo está fazendo isso. Mas poucos estão fazendo direito.

O que seus consumidores e clientes potenciais consideram interessante e valioso? Escreva sobre isso. Você começará a criar confiança e credibilidade em seu público. Então, promova seu negócio sutilmente. Mencione um evento que está preparando, uma promoção que vai fazer esta semana, um cliente que gostaria de destacar. Essas são maneiras excelentes de promover sutilmente seu trabalho, em vez de agressivamente.

Se você não lembrar de mais nada, lembre-se de **fazer com que seja sobre eles**. Eu não ligo se você está usando LinkedIn, Twitter, Facebook, seu blog ou outra coisa, pense sobre o que é importante para seu público e torne isso o ponto focal de suas páginas.

Corey Perlman é um empreendedor, autor de best-sellers e reconhecido nos Estados Unidos como especialista em mídia social. Seu livro, *eBootCamp* (Wiley, 2009 – não publicado em português), tornou-se um campeão de vendas na Amazon e recebeu atenção mundial com acordos de direito de distribuição na China e na Índia.

A companhia de marketing em mídia social de Corey, eBootCamp Inc., cria e administra campanhas de marketing para empresas.

Conecte-se com Corey:
www.ebootcamp.com
corey@ebootcamp.com
www.facebook.com/ebootcamp
www.linkedin.com/in/coreyperlman
www.Twitter.com/CoreyPerlman

36 T: TRAVANDO CONVERSAS SEM AÇÃO

Depois de desencorajar você a fazer oferta exagerada, o próximo erro envolve deixar de FORA um ingrediente vital para seus esforços de marketing em mídia social: uma Chamada Para Ação (CPA).

Muitos empresários, empreendedores e profissionais liberais fazem *quase* tudo certo. Então deixam seus fãs, seguidores e assinantes sem saber o que fazer em seguida.

Veja quantas das afirmações abaixo lhe parecem familiares:

- "Tenho 'blogado' há dois anos e nunca recebi uma única ligação ou e-mail para me contratar."
- "Trabalho horas a fio em meu *e-zine* e, embora receba elogios sobre a qualidade dos artigos, nunca consegui fechar nenhum negócio com isso."
- Posto o tempo todo no Twitter, Facebook e LinkedIn, mas nunca recebi nenhuma ligação resultante de meus esforços em mídia social.

Como fazer certo? A resposta é simples: as pessoas precisam que digamos a elas o que fazer a seguir. Se quer que elas enviem um e-mail a você, convide-as explicitamente a fazer isso, dê a elas uma razão atraente *e* forneça seu endereço de e-mail. Exemplo: meu amigo Scott Ginsberg sempre termina cada *post* em seu blog com um convite semelhante a este:

SUGESTÃO

Para receber uma lista das "9 coisas que todo escritor precisa fazer todos os dias", é só me enviar um e-mail!

Scott Ginsberg
Aquele Cara da Etiqueta com o Nome
Autor, Palestrante, Editor, Artista, Mentor
scott@helomynameisscott.com

Se você quer que as pessoas lhe chamem, use a mesma estratégia. Convide-as a ligar e forneça seu número de telefone. Por exemplo, Gerard Braud é um especialista em treinamento em mídia e comunicações em crises que se apresenta para clientes potenciais, de alta probabilidade, selecionados a dedo no LinkedIn, e termina sua mensagem assim:

Se uma breve conversa sobre a aptidão de sua equipe em mídia e/ou seu plano de comunicações em crises for de valor, por favor ligue ou mande uma mensagem para mim.

Com votos de sucesso contínuo,
Gerard Braud (Jared Bro) tel.: 985-624-9976

Pergunta de ação: você está usando CPAs de primeiro valor em seus e-mails, blogs e *posts* em sites de mídia social? Está dando uma razão atraente para as pessoas se unirem de maneira valiosa com você, assinando sua *e-zine* ou enviando-lhe e-mails?

37 A: ATENÇÃO NO CURTO PRAZO

O último erro é pensar em mídia social da mesma maneira que pensa na atividade de vendas.

Pense nisso:

- *Cold calls*, e-mails, mala direta – para essas coisas, a pergunta natural a fazer é: "OK, quanto VENDEMOS HOJE?"
- **Você fez 100 ligações,** conectou-se com 20 pessoas, teve 14 conversas, qualificou cinco clientes potenciais como sérios. "Quanto você VENDEU HOJE?"
- **Você enviou 1.000 folhetos.** Recebeu 300 respostas para cotação. "Quantos dispositivos você VENDEU HOJE?"

Marketing em mídia social não funciona assim. Mídia social é, bem, social. Diz respeito a relacionamentos e confiança. E relacionamentos e confiança não têm um botão liga/desliga, eles se desenvolvem ao longo do tempo.

Transações acontecem hoje a partir de relacionamentos que você construiu na semana passada, no mês passado e até no ano passado. O benefício disso – e a razão do "esperar compensa" – é que a mídia social lhe proporciona um ativo permanente: confiança.

Como fazer a coisa certa? Pois postagens em blogs são eternas. Eles continuam vendendo sua expertise, sua empresa e seu valor dia após dia, semana após semana, ano após ano. **Recomendações no LinkedIn são para sempre.** As pessoas que escreveram entusiasmadamente sobre você em 2002 continuam vendendo por você e por sua reputação hoje.

Uma mensagem de voz? Passa. Um e-mail? Passa. Uma reunião em pessoa? Passa. **Tudo isso acontece hoje e acaba hoje.**

Com certeza você precisa vender hoje. Precisa atingir sua meta hoje. Precisa levar comida para casa hoje. Mas, a mídia social ajuda você a garantir que aquilo que criar UMA VEZ hoje irá funcionar, durar e trazer clientes por muitos e muitos anos.

Não porque você vendeu para eles como um IDIOTA, mas porque construiu a confiança e o relacionamento que OS AJUDOU A COMPRAR **hoje, amanhã e futuramente!**

Pergunta de ação: quais ativos permanentes você está construindo hoje para que seus melhores compradores procurem sua expertise, ideias e soluções no momento exato em que estiverem prontos para gastar dinheiro no que você vende? Você está colocando uma *isca irresistível* em *anzóis suficientes* nos *lagos certos* para não ficar com fome na semana ou no mês ou no ano que vem?

TURBINE! ESTRATÉGIA DE SUCESSO: 12 DICAS PARA TER SUCESSO NO LINKEDIN

Viveka Von Rosen

1. *Trate seu perfil no LinkedIn como um site.*

Assegure-se de que está formatado, limpo e sem erros de gramática e ortografia. Não existe nada pior que tentar se posicionar como profissional e ter a palavra proficional grafada incorretamente! (Você viu? Não o deixou horrorizado?)

Tenho um questionário de perfil no LinkedIn que dou para meus clientes (você pode baixá-lo em www.linkedin.com/in/linkedinexpert no aplicativo Box.net). Use-o ou o corretor ortográfico para identificar erros de gramática e ortografia.

Você também terá uma ideia melhor de como ficará seu perfil do LinkedIn. Em algumas seções do site você também pode usar marcadores e caracteres especiais (use "Inserir Símbolo" para incluir caracteres especiais). Infelizmente, ainda não há efeitos de negrito ou itálico além daqueles que o LinkedIn formata em seu perfil. A Company Page agora oferece mais opções na seção Produtos e Serviços.

Outro bônus, se você já criou seu perfil em um documento Word, partes dele podem ser facilmente copiadas para outras plataformas de mídia social para manter seu *branding* uniforme.

2. *Conheça suas palavras-chave.*

Assim como em qualquer site na internet, os mecanismos internos de busca do LinkedIn conferem peso às palavras-chave em suas buscas. Assegure-se de que está colocando suas frases-chave estrategicamente ao longo de seu perfil. Alguns lugares que você pode considerar são:

- título profissional (120 caracteres);
- cargo (100 caracteres);
- especialidades (500 caracteres, se disponível);
- interesses (1.000 caracteres);
- recomendações; e
- formação acadêmica (atividades e sociedades).

3. *Mantenha seu nome limpo.*

Digite apenas seu nome no campo Nome e seu sobrenome no campo Sobrenome. Se alguém estiver procurando você pelo nome, o LinkedIn terá dificuldade em encontrá-lo se seu nome for preenchido com títulos ou outras informações.

E não só isso. É contra as regras do Contrato do Usuário do LinkedIn colocar qualquer outra coisa que não seja seu nome neste campo. Foi isso que fez meu arquivo cair na lista negra (isto é, impossível de ser encontrado com minhas palavras-chave), o que resultou na perda, ao equivalente, de milhares de reais de meu trabalho. Aprenda com meus erros!

4. *Mantenha sua foto profissional.*

Recomendo um close e um sorriso. Uma foto de corpo inteiro ao lado da família, ao lado do carro ou com aquele peixe enorme que fisgou semana passada confunde, e é pouco profissional.

Já vi muitos artistas usarem reproduções artísticas de si mesmo, o que é inteligente se sua imagem permanecer clara. O LinkedIn não gosta de logos. O Contrato do Usuário afirma que se você vai incluir uma fotografia deve ser a sua semelhança.

5. Não ignore a função postar e atualizar.

A função de atualização do LinkedIn está mais robusta do que costumava ser (aproveitando alguns recursos do Facebook e do Twitter).

As pessoas agora podem curtir, compartilhar e comentar suas atualizações, o que ajuda a construir relacionamentos dentro do site. Você também pode ver a atividade das pessoas, para que, assim como no Twitter, tenha uma ideia melhor daquilo em que elas realmente estão interessadas e no que investem tempo.

6. Personalize a URL de seu perfil público.

Assegure-se de que seu perfil reflita seu nome, sua empresa ou sua área de expertise: por exemplo, www.linkedin.com/in/linkedinexpert.

Nada afirma mais "sou um neófito do LinkedIn" como um perfil público que diz: http://linkedin.com/pub/nome-sobrenome9890734-akjshfiho.

7. Personalize seus sites.

Quando você edita seu site, o menu *pop-up* mostra a opção "Outro". Clicar nesta opção abre um novo campo que lhe permite digitar o nome de sua empresa, de seu site, um convite para ação ou uma descrição dele. Então, em vez de "Site da Empresa" ou "Site Pessoal", esta seção pode exibir "Mídia Social para Mulheres" ou "Clique aqui: orientação jurídica sobre IP".

8. Incremente sua seção "Experiência".

"Experiência" não é seu currículo. Assegure-se de que os trabalhos que você lista embasem um ao outro. Não se esqueça de incluir suas palavras-chave nesta seção.

Use os 1.000 caracteres disponíveis nesta área de descrição da "Experiência" para dizer às pessoas por que elas devem contratar você ou sua empresa ou comprar seu produto. Conte uma história "salvou meu dia". Inclua um testemunho.

"Experiência" é um lugar excelente para você enumerar sucessos, diferentes empresas que ajudou, seminários ou workshops que apresentou, e até uma pequena imagem de seu site. Use esta seção como a base do perfil da sua empresa na Company Page.

9. Liste sua "Formação Adicional".

Não deixe de listar seus certificados e licenças, assim como sua formação acadêmica. O LinkedIn acrescentou novas seções onde você pode enumerar áreas de expertise, publicações patentes, licenças e certificações.

10. Obtenha recomendações.

Embora você não precise mais de três recomendações para ter um perfil completo (segundo o LinkedIn), sugiro que obtenha de 10 a 15.

Quando for pedir recomendações, forneça uma lista enumerando suas competências, pontos fortes e serviços para que as pessoas escrevam uma recomendação mais completa, não apenas um "Ela é legal."

Você certamente irá querer acrescentar algumas das melhores recomendações a seu site. Peça recomendações de líderes em pensamento em seu ramo, ex-colegas de trabalho e clientes renomados.

Para ver algumas recomendações excelentes, veja o perfil [em inglês] de Howard Lewinter em www.linkedin.com/in/howardlewinter.

11. Use aplicações.

Todos os dias o LinkedIn adiciona aplicações úteis. Você pode incluir até oito em seu perfil. Veja quais são mais convenientes para você. Eu recomendo os aplicativos de blogs (WordPress, por exemplo), Box.com, Slideshare, Bèhance (para exibir vídeos do YouTube), JD Supra, se você for advogado e Amazon Reading List, especialmente se você for escritor.

12. Seja sempre educado e dê mais do que recebe.

O LinkedIn é um site de *networking* empresarial. Seja educado. Procure responder *Inmails*, mensagens e solicitações de apresentação em um prazo máximo de 72 horas. Não se esqueça do "por favor" e do "obrigado(a)." Ajude alguém.

O LinkedIn é um lugar excelente para obter informações, fazer conexões, conseguir clientes e funcionários. Mas, siga a regra de ouro: "não faça ao outros o que não quer que façam a você". Não envie spams, não inunde caixas de entrada com mensagens constantes de vendas. Em vez disso, compartilhe informações valiosas por meio de seus grupos, atualizações e respostas, e deixe que os clientes venham até você.

Viveka Von Rosen é conhecida internacionalmente como especialista em LinkedIn e faz palestras para empresários, corporações, empresas de advocacia e associações profissionais sobre os benefícios do marketing em mídia social, especialmente no LinkedIn.

Ela é autora de *LinkedIn marketing: An hour a day* (Wiley) e é também uma fonte constante no LinkedIn para sites de notícias como *Mashable, Social Midia Examiner* e *Miami Herald.* Ela é comoderadora do LinkedInStrategies, o maior grupo de estratégia do LinkedIn, e está constantemente aprendendo, compartilhando e transferindo habilidades e estratégias em mídia social para seus seguidores.

Viveka tem mais de 22 mil conexões *first level,* uma rede de contatos de 23 milhões de pessoas no LinkedIn e mais de 44 mil seguidores no Twitter. Seus seminários, "webinários" e workshops já ensinaram e treinaram bem mais de dez mil pessoas. Conecte-se com Viveka em http://linkedintobusiness.com.

PARTE SEIS

A PALAVRA "V"

38 VENDA COMO UMA MENINA

O que uma garota de 12 anos pode lhe ensinar sobre vendas? Bastante, como veremos.

É época do Girl Scout Cookie, os *cookies* das escoteiras norte-americanas. Aqueles de vocês que não conhecem a visão, o sabor e a experiência, como um todo, de ajudar suas filhas a venderem os *cookies*, estão perdendo um conhecimento fundamental e abrangente sobre a dinâmica das vendas e dos vendedores.

A seguir, estão alguns aspectos que reuni quando ajudei minha filha Becca (um membro leal do grupo de escoteiras Girl Scout Troop 3129) a vender sua parcela de biscoitos durante três anos, dos 10 aos 12 anos de idade. Os indicadores abaixo exigiram esforço, foram testados em campo e são aplicáveis a você e a seu negócio, assim como foram a Becca e ao negócio dela.

1. **Tem a ver com quem você conhece.** Verdade. Vender *cookies* é um negócio de relacionamento. Nosso vizinho comprou quatro caixas, depois mais três e outras mais tarde. Por que? Porque Becca tinha algo para vender. O que sua marca pessoal anda fazendo esses dias? Se você mudasse de produto, serviço ou empresa, as pessoas comprariam de você porque é VOCÊ?
2. **Não tem a ver com o produto.** É hora de deixar os advogados chateados. Está pronto? Os *cookies* Girl Scout, em sua maior parte, têm um gosto horrível e têm, em sua composição, uma quantidade de gordura, calorias e colesterol suficiente para por em funcionamento um carro japonês pequeno movido a

combustível alternativo. No entanto, os *cookies* Girl Scout vendem como água, ano após ano, arrecadando milhões para o grupo das escoteiras norte-americanas.

3. **Não tem a ver com o preço.** Enquanto escrevia este livro, os *cookies* Girl Scout custavam dez reais a caixa. A caixa menor tem 220 g de peso líquido e a maior 285 g. O menor tamanho da maioria dos pacotes de *cookies* vendidos no varejo tem cerca de 340 g de peso líquido e custa em torno de oito reais. Os *cookies* Girl Scout passam uma rasteira até em marcas premium, quando se trata de alto custo. Eu mencionei que um de nossos vizinhos comprou nove caixas de uma vez?
4. **Não tem a ver com necessidade.** Convenhamos, ninguém precisa dos *cookies* Girl Scout. Por exemplo, as garotas resolveram montar uma "Loja de Cookies" em uma loja de ferragens local (comerciantes, centros de compras e supermercados locais permitem que as escoteiras montem um pequeno estande em suas dependências em apoio à causa). A principal objeção que ouvimos foi: "já tenho algumas caixas em casa, até mais do que preciso!" Então, por que as pessoas compraram? Porque tinham um relacionamento com seu vendedor que era mais importante que sua necessidade, desejo ou uso do produto em si. Você sabia que os *cookies* Girl Scout são um presente excelente, podem ser congelados e são vendidos por um período limitado de tempo no ano? Você consegue aprender algo com isso e aplicar esta lição em SUA mensagem de vendas?
5. **Não tem a ver com concorrência; tem tudo a ver com contatos e recomendações.** Então, quem está vendendo para esses consumidores que têm mais *cookies* Girl Scout em casa do que precisam? Naturalmente é a Girl Scout, a escoteira, **deles.** Qual é a chance de Becca vender uma caixa de *cookies* para alguém cuja filha também está vendendo os mesmos *cookies* pelo mesmo preço? Zero à esquerda. Becca vai bater a cabeça na parede lamentando por essas vendas perdidas? Claro que não. Ela recorreu a sua rede dentre as redes: vizinhos, primos, outras crianças, pais no clube onde ela treina basquete, cole-

gas de meu antigo trabalho que se tornaram amigos da família (e clientes da Becca de anos anteriores). Você sabe como encher seu canal de vendas quando ele se esvazia? Você sabe como fazer seus clientes potenciais avançarem para clientes reais, clientes satisfeitos e depois clientes para sempre? Não do produto ou serviço que está vendendo hoje, mas SEU cliente e de qualquer proposta de valor que possa estar oferecendo agora e no futuro?

6. **Quando os tempos estão difíceis e as coisas parecem paradas, este é o momento de se empenhar ao máximo.** A venda de *cookies* termina em um certo momento a cada ano. Quando chegamos a duas semanas do final, os *cookies* Girl Scout são vendidos para todo lado onde você olha. Todo ano, sobravam geralmente de dez a 12 caixas quando as vendas terminavam. Becca ficava deprimida porque não tínhamos atingido nossa meta? Éramos um fracasso como vendedores? Só se tivéssemos parado quando o período de vendas acabava. Você vê, assim que todo mundo para de vender, para de divulgar e fecha as lojas de *cookies*, esses biscoitos passam de uma commodity para um ativo valioso. A mesma coisa acontece em seu negócio quando o mercado está fraco e seus concorrentes retiram os anúncios; eles acham que é hora de focar, voltar ao básico e cortar, cortar, cortar! No entanto, este é o pior momento para cortar; você, que não cortou, está com a atenção de todos! Na verdade, há muito menos ruído lá fora concorrendo com sua mensagem. Vá com tudo agora, e você será ouvido!

O QUE ISSO SIGNIFICA PARA VOCÊ E SEU NEGÓCIO

É simples: agora é o momento de você voltar às rédeas e comandar suas vendas e suas atividades de marketing mais que nunca. Você tem o espaço. Tem mais relacionamentos e mais pessoas torcendo por você do que imagina. E se eliminar as antigas desculpas sobre seu produto, preço, concorrência, a economia e tudo o mais, verá as oportunidades de vendas que estão à frente. **Por que perder mais um minuto?**

39 SUA LISTA DOS NÃO AFAZERES DE VENDAS

Esta é uma lista de dez observações espirituosas tiradas de uma antiga pesquisa publicada na revista *Purchasing*. Incluí em cada item da pesquisa meus comentários e sugestões para você e seu negócio.

AS 10 PRINCIPAIS COISAS QUE OS VENDEDORES FAZEM E OS CLIENTES NÃO GOSTAM

10. Não cumprir promessas

Duas sugestões aqui:

1. Evite excesso de promessas e excesso de entrega.
2. Aprenda a ficar quieto.

Quando você diz: "farei o possível para que chegue na terça-feira", seu cliente ouve: "prometo que estará aqui terça-feira."

Na verdade, mesmo quando você diz: "não posso prometer que chegue na terça-feira", alguns clientes *ainda* ouvem: "prometo que estará aqui terça-feira." É melhor NÃO dizer nada que ser visto como alguém que não cumpre as promessas!

9. Falta de criatividade

O autor e palestrante Jeffrey Gitomer fala o seguinte sobre o papel da criatividade nas vendas:

- De onde vem a criatividade? Você aprende.
- Quanto é importante a criatividade nas vendas? MUITO!

- Quanto criativo você é? Não muito.
- Você pode melhorar sua criatividade? Sim!

Caso encerrado.

8. Deixar de agendar e manter as visitas

Deixar de agendar: você acha mesmo que seu cliente potencial tem tempo para conversar quando você decide aparecer porque está na vizinhança?

Deixar de manter: você conseguiu uma preciosa e difícil visita. Vá em frente e estrague tudo. Quem liga? É só dinheiro.

7. Falta de conhecimento da operação do cliente

"O que mesmo vocês fazem aqui?" Como VOCÊ pode não saber? Pesquisa é a chave. Busque na internet, converse com pessoas da empresa ou do setor, faça algumas ligações, obtenha uma visão geral. Você vai se destacar na multidão.

6. Tomar o cliente por garantido

A Forum Corporation fez um estudo sobre clientes comerciais que foram perdidos por 14 das maiores empresas de manufatura e de serviços.

- 15% desses clientes encontraram um produto melhor;
- 15% deles encontraram um produto mais barato;
- 20% desistiram devido à "falta de contato e atenção individual por parte do fornecedor";
- 49% desistiram porque "o contato por parte do pessoal do fornecedor era de baixa qualidade".

Estes dois últimos números deveriam ser um verdadeiro alerta. O que eles dizem? Eles dizem o seguinte: "meu vendedor ou meu gerente de conta são uma droga". Simples assim. O que acontece é que os clientes não desistem de fornecedores, eles desistem de vendedores! A era do "eu só fecho vendas, outra pessoa toma conta deles" acabou. Na verdade, é tão velha que está começando a cheirar mal.

O que representaria para sua empresa se você conseguisse evitar 69% dos atritos atuais com os clientes? Bem, você pode!

5. Falta de acompanhamento

Isso é simples: faça o que diz e diga o que faz.

Precisa de mais detalhes? OK. A primeira parte disso envolve manter suas promessas. Veja a observação de número 10.

Mas, a segunda parte é igualmente, senão mais, importante. Muitos vendedores fazem um trabalho excelente para seus clientes, e os clientes nunca ficam sabendo disso.

Por que? Porque os vendedores não têm tempo de fechar o ciclo e DIZER a eles o que estão fazendo para ajudá-los a resolver seus problemas. Os vendedores pensam: "Estou cuidando disso" ou "Vou informar ao cliente quando estiver resolvido."

Enquanto isso, horas, dias ou semanas se passam. Se tudo o que os clientes ouvem é "nada", então é isso que pensam que você está fazendo! Só é preciso um simples telefonema ou um e-mail para mantê-los atualizados sobre o que exatamente está sendo feito em favor deles, o cronograma esperado e como o processo funciona ("Vou lhe enviar os formulários na segunda, e assim que me devolver, eu os entrego na expedição. De qualquer forma ligo na quarta para mantê-lo atualizado.")

Para ser bom em acompanhamento, você precisa ser bom em comunicar o acompanhamento!

4. Falta de conhecimento do produto

Isso é simples também. Que vergonha. Se você não conhece seus próprios produtos/serviços a fundo, por que seus clientes iriam comprar de você?

Tomadores de pedidos não precisam de conhecimento do produto (na realidade, isso também não é verdade!), mas profissionais de vendas definitivamente precisam. Como você consegue isso?

- Pergunte!
- Pesquise.
- Promova um almoço com clientes e descubra o que seu produto/serviço significa para eles e como o estão utilizando.
- Estude as pesquisas conduzidas pela associação de seu setor e recursos de treinamento.
- Passe um dia com um de seus principais clientes e veja por si mesmo como usam, lidam com dificuldades e beneficiam-se com seu produto ou serviço.

3. Excesso de agressividade e incapacidade de ouvir

Você está falando comigo? VOCÊ está falando COMIGO?

A era do que eu chamo de "comprar de estúpidos" acabou. As pessoas não compram de vendedores estúpidos. Elas costumavam – no passado, quando não havia muita escolha – mas, não mais.

Excesso de agressividade vem do desespero.

Repulsivo.

Incapacidade de ouvir vem de ser um estúpido egocêntrico.

Mais repulsivo ainda.

Adivinhe, estúpido. NÃO é sobre você. É tudo sobre o cliente, e as melhores habilidades (não FERRAMENTAS nem TÉCNICAS, mas HABILIDADE DE VENDAS) que você pode desenvolver são a curiosidade genuína e a capacidade autêntica de ouvir o cliente. Não é algo que você aprende em um dia de seminário. É preciso tempo, atenção, prática e reforço.

Você sabe por que alguns vendedores – até mesmo aqueles com muito treinamento em vendas – continuam com dificuldades no fechamento? Eles não mantêm a venda em aberto o tempo suficiente para ouvir profundamente e estabelecer o valor de sua solução aos olhos do cliente potencial.

Problemas de fechamento são problemas de relacionamento e problemas de incapacidade de ouvir.

2. Falta de interesse ou propósito ("só checando")

O propósito é criticamente importante para cada etapa do processo de venda. Começa pequeno, tal como perguntar: "Qual é o propósito dessa próxima ligação que vou fazer?" Mas levo isso muito adiante em meus seminários *Turbine seu marketing já*, até o maior e mais valioso propósito que você pode ter profissional ("Qual é meu trabalho?", "Por que sua empresa existe?") e pessoalmente ("Quem sou?", "Por que estou aqui?")

Você acha que isso é besteira?

A LensCrafters não acha. E eles são uma das organizações de vendas mais bem-sucedidas e lucrativas do mundo. Veja a declaração de propósito da LensCrafters: **"Seremos os melhores em ajudar o mundo a ver."**

Em seguida, eles descrevem o significado concreto de sua declaração de propósito:

Ser os melhores por...

- criar clientes para sempre, proporcionando um atendimento legendário;
- desenvolver e estimular vendedores e líderes no melhor lugar para trabalhar no mundo;
- produzir óculos (lentes) de alta qualidade em uma hora;
- entregar valor superior para atender às necessidades individuais de cada cliente.

Ajudar o mundo a ver por...

- estar convenientemente disponível para as pessoas em todos os lugares;
- assegurar que as pessoas pensem em nós como primeira opção para cuidados com a visão;
- atender mais pessoas em nosso mercado que todas as outras óticas juntas;
- proporcionar a dádiva da visão àqueles que possuem pouca e necessitam muito dela.

Então, cada gerente da LensCrafters (que trabalha em uma loja em algum centro de compras, lembre-se) levanta toda manhã com a meta de "ajudar o mundo a ver", enquanto que os concorrentes vão trabalhar pensando em vender mais óculos.

Qual delas deixaria VOCÊ mais engajado?

E as atividades beneficentes deles nos países pobres (o programa "The Gift of Sight" foi iniciado em 1998) também é um fator motivador fabuloso e um motivo de orgulho no quadro de funcionários da empresa.

Eles devem estar fazendo alguma coisa certa. A LensCrafters é altamente lucrativa e vem mantendo consistentemente um lugar na lista das 100 melhores empresas para trabalhar da revista *Fortune* há vários anos.

1. Falta de preparo

É incrível como muitos vendedores pegam o telefone, ou vão para uma reunião ou sentam para almoçar com um cliente potencial e simplesmente improvisam.

O esperado (ou requerido) é que todo profissional se prepare, pratique e pense sobre todos os resultados possíveis e uma resposta correspondente, sejam: cirurgiões, advogados, jogadores de futebol, soldados em combate, pilotos de avião, eletricistas, paramédicos e engenheiros.

Lembre-se também do item 7, e pense da seguinte maneira: como você pode NÃO se preparar?

Um bom exercício de preparação chama-se Míssil/Defesa. No lado esquerdo de uma folha de papel, escreva todas as perguntas, problemas ou objeções com que você poderá se deparar. Esses são os mísseis de vendas.

Do lado direito, escreva sua pesquisa de embasamento, proposta de valor, benefícios, testemunhos ou história de sucesso. Essas são suas defesas.

A propósito, isso não se trata de defender sua venda no sentido tradicional. Na verdade, sou totalmente contra grande parte da linguagem e do pensamento adversário que é popular em alguns treinamentos de vendas do tipo "nós *versus* eles" ou "vendedores *versus* clientes potenciais" ou "jogar segundo as regras deles *versus* segundo as nossas". Para mim, isso é bobagem. Se seu cliente potencial é seu inimigo, você não merece fazer negócios com ele.

Este exercício trata do processo de pensar e escrever sobre onde é o ponto de interseção entre as necessidades de seu cliente potencial e seus produtos ou serviços. Trata de encontrar um lugar comum, no qual faz um sentido enorme para o cliente fechar negócio com você.

Só você pode fazer este trabalho. E este trabalho chama-se preparação!

TURBINE! ESTRATÉGIA DE SUCESSO: SEIS REGRAS DE VENDAS PARA A ALA-D

Mark Hunter, "O caçador de vendas"

A Ala-D – o domínio dos diretores executivos e de outros alto executivos de uma empresa – pode abrir grandes oportunidades se você lidar com as coisas corretamente, mas são regras diferentes da maioria daquelas para outras situações de vendas.

1. **Tem a ver com resultado, não com preço.** Se o resultado for o que o membro da Ala-D quer, então, o preço é irrelevante. Se você mencionar preço vai se ver dirigido ao departamento de compras mais rápido do que consegue dizer "Opa". As perguntas que faz e as informações que compartilha precisam ser focadas nas dificuldades que seu cliente está enfrentando, não no que você acha que eles gostariam de ouvir. Se estruturar seu plano de vendas visando ajudar seus consumidores a alcançar resultados em que encontrarão valor, provavelmente você terá uma reunião proveitosa.

2. **Tem tudo a ver com confiança.** As pessoas neste nível dão muito valor à opinião daqueles em quem confiam. Enquanto não houver um grau de confiança entre você e o membro da Ala-D, pode contar que muito pouco será feito.

3. **Tem tudo a ver com tempo.** Essas pessoas são ocupadas. Respeite o tempo delas e saiba que elas desenvolvem opiniões rapidamente e tomam decisões mais rápido ainda. Comece na hora, termine na hora e, acima de tudo, torne cada minuto que passa com eles valioso para eles. Comparada com a pressão que eu e você sentimos por tempo, a pessoa na Ala-D trabalha em um ritmo dez vezes maior. Mesmo que você tenha uma reunião de 30 minutos agendada, não necessariamente terá todos os 30 minutos. Trabalhe na pauta, não no relógio. E lembre-se de que, de forma alguma, você deve ultrapassar o tempo alocado.

4. **Não fale de especificações. Fale de estratégia.** Se você entra em um escritório da Ala-D contando sobre características específicas de um produto e informações detalhadas, está falando sobre coisas que as pessoas da Ala-D não se preocupa ou não se interessa. Os executivos neste nível olham para a tela grande. São pensadores estratégicos. Fale a eles em termos estratégicos.

5. **Cuidado com influenciadores**. Em toda empresa existem pessoas de fora da Ala-D que buscam estar lá, e farão tudo o que for preciso para conseguir isso. Esses funcionários vão trucidar um fornecedor se isso ajudá-los a alcançar seu objetivo. O mesmo se aplica a outros na organização que talvez não queiram fazer parte da Ala-D, mas que querem assegurar que sua opinião seja ouvida por ela. Novamente, essas pessoas podem surgir do nada, e em uma única reunião, causar um dano terrível a sua proposta.

6. **Toda Ala-D tem um guarda.** Trate o guarda como trataria o comprador. Os guardas recebem uma ampla gama de nomes, tais como assistente administrativo, assistente executivo, diretor ou gerente. Muitas vezes não estão fisicamente posicionados na área da Ala-D da empresa, mas mesmo assim são guardas. Essas pessoas controlam a agenda e, às vezes, até o pensamento da Ala-D. Trate o guarda da mesma forma que faria com a pessoa com quem quer se encontrar. As perguntas que faz ao guarda

irão determinar se você pode ou não se encontrar com a pessoa tomadora de decisão.

Vender para a Ala-D não precisa ser perigoso ou difícil. Na verdade, pode ser bastante lucrativo e produtivo, se você seguir essas seis regras.

Mark Hunter, "o caçador de vendas", é autor de *High-profit selling: Win the sale without compromising on price.* Ele é especialista em vendas consultivas e comprometido em ajudar pessoas e empresas a identificar os melhores clientes potenciais e a fechar vendas mais lucrativas. Para ler seu blog e receber dicas semanais sobre vendas, visite: www.thesaleshunter.com.

40 VOCÊ NÃO PRECISA DE TREINAMENTO DE VENDAS

Se você é um empresário, um empreendedor ou um profissional liberal, provavelmente já se fez algumas (ou todas) as perguntas abaixo:

- Como posso conseguir mais consumidores e clientes?
- Como posso conseguir consumidores melhores?
- Como posso vender mais para os clientes que já possuo?

- ❖ Como posso ganhar mais dinheiro e ter qualidade de vida?
- ❖ Existe uma maneira "certa" de vender?
- ❖ Ao que eu posso recorrer quando precisar de conselhos práticos?
- ❖ Quando isso vai ficar mais fácil?

Eis o que a maioria das empresas de treinamento de vendas dirá que é a resposta para os desafios de crescimento de seu negócio: **treinamento de vendas.**

Eis o que a maioria dos consultores de marketing dirá que é a resposta para você: **consultoria de marketing.**

Bem, nenhuma das duas.

Se é que você precisa de alguma coisa, essa coisa é DESaprender o que muitos treinamentos de vendas, seminários de marketing e livros sobre vendas disseram-lhe. Você precisa se reconectar com como vender baseado em QUEM você é. Resumindo, começar a usar e reconhecer o poder de vender diferentemente.

E aqui está algo novo e diferente vindo de alguém como eu: você não precisa contratar ninguém.

Treinamento de vendas (e qualquer treinamento) é para pessoas com falta de conhecimento.

Meus clientes são tipicamente muito espertos, mas eles aprenderam a vender usando truques, frases inteligentes, técnicas de fechamento manipulativas e construção de empatia. Nada disso funciona ou dura porque vem de fora para dentro, procurando forçar você a um modelo no qual não se encaixa.

Uma abordagem de fato eficiente irá abrir seu pensamento e ajudá-lo a vender de verdade.

É mais autêntica, funciona e dura porque você começa a vender de dentro para fora, com base em QUEM você é, e não em um conjunto externo de comportamentos que funcionam para apenas uma pequena porcentagem de vendedores convencionais.

Pense sobre isso. Você sabe como vender (ou no mínimo sabe que não gosta do que muitos treinamentos de vendas DIZEM que é a forma certa de vender).

Você provavelmente teve algum treinamento de vendas, e, provavelmente, já frequentou determinados seminários de vendas. Talvez, já tenha lido um livro ou dois sobre vendas ou marketing e quem sabe tenha até ouvido algumas palestras sem sentido que se autodenominam treinamento de vendas. **No entanto, nada disso "pegou", porque não pareceu relevante para VOCÊ ou falou para seu desejo de ajudar pessoas proporcionando um valor genuíno.**

Você precisa de uma estratégia de vendas pessoal que combine **seu eu natural** com uma **mensagem forte** para seus **melhores clientes potenciais** com o **maior valor**, usando o **menor esforço** e o **menor tempo**.

Depois você precisa de um plano e de um mecanismo de responsabilização (gerente de vendas, *coach* ou um colega), que ajudará a colocar seu plano em prática, dia após dia, cliente potencial após cliente potencial.

Ao contrário do treinamento de vendas tradicional, as vendas verdadeiramente eficientes são um processo, não um evento. E sempre funcionam de DENTRO PARA FORA. Isso significa que são focadas em habilidades internas e ferramentas duradouras, não em treinamento de truques ou técnicas externas.

Ao selecionar um profissional para ajudá-lo a incrementar suas vendas, você precisa estar ciente de que muitos consultores de marketing fornecem **modelos detalhados, mas nenhuma ferramenta**. E muitos treinamentos de vendas fornecem **ferramentas específicas, mas nenhuma estratégia geral**.

Você quer um recurso que integre estratégia de marketing geral com ferramentas de vendas do dia a dia, de modo que suas vendas FUNCIONEM e, assim, MAIS VENDAS ACONTEÇAM.

A verdade é que ninguém precisa de treinamento de vendas "tamanho único" ou consultoria "aqui está seu plano de marketing, boa sorte". Você precisa simplesmente de um molho de chaves customizadas para destrancar as respostas para seu negócio. Não existe uma fôrma pronta. Você não é uma massa qualquer, que é só enformar.

Então, pule o treinamento de vendas e continue a ler o livro, especialmente o **Plano Inicial de Marketing de 21 dias** que encontrará no final da obra, e que lhe proporcionará a orientação tática que precisa para o dia a dia.

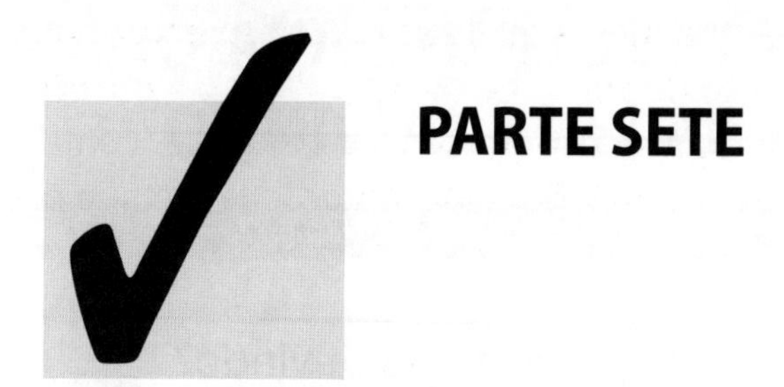

PARTE SETE

OBTENHA LEADS MELHORES

41 DIVULGUE PARA QUEM JÁ ESTÁ OUVINDO

Você está divulgando para quem já está ouvindo?

É muito, muito difícil divulgar seus produtos e serviços para todo mundo. E, francamente, nem todo mundo precisa ou quer o que você está oferecendo. Essa é a dura realidade.

Mas, existe um núcleo demográfico que já está ligado. Essas pessoas não precisam ser convencidas. Estão apenas esperando notícias suas sobre o que há de novo, o que você está preparando e como podem ajudá-lo.

E esses não são justamente aqueles que vale a pena abordar?

É claro que sim!

Você sabe quem eles são e como alcançá-los?

Vamos pensar sobre isso.

Você poderia – e deveria – começar com os consumidores atuais de sua empresa. Eles são seus clientes potenciais mais valiosos. São os que se convertem mais rapidamente e também os mais lucrativos – sem contar que são os mais baratos de encontrar e engajar!

Você poderia: criar uma lista de e-mail, incluir o encaminhamento "conte para um amigo" em seus e-mails e site, oferecer bônus por recomendações em serviços exclusivos ou benefícios, transformar seus fãs atuais em defensores entusiasmados de sua marca e multiplicar suas vendas e a eficiência de seu marketing por dez ou 20.

Pode ainda patrocinar eventos como "Café da Manhã de Boas-vindas à Vizinhança" ou Mesas Redondas Com Clientes.

Também poderia criar um prêmio como "Herói Comunitário" ou "Empreendedor do Ano". Resumindo, você poderia (e deveria) fazer uma onda de empresa grande em um lago de empresa pequena.

42 PORQUE VOCÊ *NÃO* QUER ESTAR NO LIVRO

No meu papel de palestrante sobre marketing e *coach* de marketing, meus clientes e meu público frequentemente perguntam se deveriam gastar tempo e dinheiro para aparecerem listados neste diretório ou naquele anuário de feira de negócios ou na seção Mercado de alguma revista.

Estamos prestes a dar a resposta para VOCÊ e para SUA empresa, se alguma vez já pensou sobre isso.

Mas primeiro, você se lembra das *Páginas Amarelas?*

O antigo lema deste diretório nos Estados Unidos era: "Deixe que seus dedos andem".

Era mais conveniente – nas décadas de 1960 e 1970 – usar as *Páginas Amarelas* e a lista telefônica para se descobrir o que precisava saber sobre empresas locais do que, literalmente, andar de loja em loja ou de escritório em escritório.

Na verdade, quando você andava pela cidade, era comum ver adesivos em vitrines proclamando orgulhosamente coisas como "Encontre a Lavanderia Expressa do Tony nas *Páginas Amarelas*" (será que você realmente precisava disso se já estava fisicamente na frente do estabelecimento?).

Sim, você podia encontrar a Lavanderia Expressa do Tony nas *Páginas Amarelas*, juntamente com a Lavanderia Expressa do Sam, a Lavanderia a Seco do Jiffy e dezenas de outros competidores na cidade. Isso foi ótimo para os consumidores norte-americanos até cerca de 1992, quando a internet assumiu muito dessa funcionalidade e multiplicou seu poder de marketing.

Mas hoje, comprar anúncios em qualquer diretório é burrice.

Por que? Porque no minuto em que você está no livro, vira uma commodity. Você está convidando *ativamente* seus clientes potenciais, consumidores, clientes e influenciadores a uma comparação: comprar de seu anúncio *versus* o deles, de sua listagem com a deles, de seu estande na exposição *versus* o deles.

E não comece com essa coisa de expor em feira de negócios. A menos que você esteja entre o 5% melhores, que sabem o que estão fazendo, participar assim deste tipo de evento não é nada mais que dias infindáveis de cansaço e gastos extremos, só para ser proativamente ignorado por pessoas que vão rapidamente para o fundo do centro de exposições para pegar seu canapé enquanto se esforçam, a todo custo e ao máximo, para evitar contato visual com você e seu pessoal.

Como compartilho em minhas palestras e seminários do livro *Turbine seu marketing já!*, estamos vivendo em uma economia de *atenção*. Primeiro, você precisa ganhar a atenção de seu cliente potencial. Só então terá a chance de ganhar o dinheiro dele.

E hoje em dia, é difícil conquistar a atenção de alguém com uma listagem MAIOR ou MAIS OUSADA ou um banner MAIS ESPALHAFATOSO.

Ninguém liga. De verdade. Então, desista.

A data de validade dessas estratégias já expirou como uma embalagem de iogurte velha.

Hoje, você pode economizar todo esse dinheiro e investi-lo na criação de recursos, ferramentas e conteúdo que seu mercado-alvo vai VALORIZAR, MANTER e COMPARTILHAR.

43 A MÍDIA ANTIGA ESTÁ MORTA! VIVA A MÍDIA ANTIGA!

É claro, os anúncios na internet e nos celulares crescerão. É muito triste que a maioria dos executivos da mídia publicitária tradicional se recuse teimosamente a ver a luz.

Um excelente exemplo chegou à minha mesa vindo de um amigo e editor de mídia antiga (impressa) em resposta a um de meus artigos intitulado "Old media is dead – welcome to the age of inbound marketing" (em português, "A mídia antiga está morta – bem-vindo à era do *inbound* marketing"). A seguir, está o texto original do e-mail, exemplo do monte de areia em que ele enterra a própria cabeça:

Existe uma razão para chamarem o Google de motor de busca... Os usuários têm uma necessidade imediata de encontrar informações e o Google é a referência que está à mão. Se esta necessidade não existe por qualquer extensão de tempo, o usuário não se sente compelido a acessar este motor de busca (ou no tocante a isso, qualquer outro site na internet). Não estou tentando minimizar o valor do Google, apenas manter as coisas em perspectiva.

Além disso, a maioria dos usuários não quer ver spams... Eles consideram uma intromissão ver um mensagem *pop-up* surgir na tela quando não solicitada. Quantos iPods você acha que a Apple teria comercializado só postando um link/anúncio no Google? Você acredita que eles teriam alcançado a meta de mais de um milhão de unidades vendidas? Você acha que a campanha na TV foi um gasto inútil? Por que não usaram simplesmente o site deles? Você sabe de alguma coisa que os caras bons da Apple não sabem?

Posso lhe afirmar que meu filho de 17 anos, certamente, não quer que eu tire o som da TV quando o anúncio deles está no ar. A questão é que a internet é um acréscimo valioso ao mix tradicional de mídia, mas, certamente, não é seu substituto.

Esta é uma ilusão "diga que não é assim" clássica. Os clientes de mídia impressa deste pobre coitado NÃO estão entre as 500 melhores empresas da revista *Fortune* (como a Apple), que conseguem bancar uma publicidade diversificada de marca e imagem. São muito mais marqueteiros de resposta direta, querem que o telefone toque e os pedidos entrem quando gastam dinheiro em publicidade. E, com a possível exceção das publicações específicas de setor (com mira a laser), investir dinheiro na mídia antiga não vai conseguir isso!

Ele está falando sério quando estende seu argumento que "os comercias de TV da Apple são legais" para sugerir que todo tipo de pessoa QUER assistir todo tipo de comercial de TV, e, portanto, a Publicidade 1.0 ganhou vida novamente?

Isso não é só estúpido como também uma irresponsabilidade com a verba de marketing do seu cliente. Meu argumento é: você não consegue consertar estupidez.

Alguns executivos de marketing e mídia "entendem" que seu mundo mudou dramaticamente. Enquanto outros marqueteiros (e empresários e empreendedores) sentem-se felizes em apenas mudar de lugar as cadeiras do deck do Titanic e afundar lentamente sob as ondas, enquanto a orquestra continua a tocar.

P.S.: e sinta-se super grato por não estar no comando de uma empresa de mídia impressa, sem noção, que espera que o Google simplesmente desapareça. Triste, não?

44 NINGUÉM VAI ROUBAR SUA IDEIA

Muitos empreendedores e empresários têm ideias de ações de marketing, ideias de produtos e ideias de serviços e dizem: "Uau! Isso é realmente incrível. Só tem um problema: e se alguém roubar minha ideia?"

Minha resposta padrão: ninguém pode roubar SUA ideia. Quando fazem isso, ela se torna a ideia *deles* e, deste momento em diante, começa a divergir do que você faria, de como você faria e do valor que você proporcionaria com ela.

Mark Moskowitz, roteirista e produtor do filme *Stone reader*, certa vez me disse: "Eu ficava preocupado que todos para quem eu contava minhas histórias em Hollywood fossem roubá-las. E isso aconteceu uma ou duas vezes. Mas, você sabe de uma coisa? Eu jamais teria feito este filme se não tivesse contado a *todo mundo* sobre ele."

Um cliente meu colocou isso de outra forma: "Davis, eu costumava ter medo de contar para as pessoas o que faço. Agora tenho medo de não contar."

O que distingue seu trabalho é o simples fato de que você **passou anos permeando suas ideias**.

Talvez você tenha feito isso despercebidamente ou subconscientemente ou involuntariamente, mas isso não importa.

As ideias SÃO suas, e você as conhece melhor que ninguém.

Existe um poder imenso nisso.

TURBINE! ESTRATÉGIA DE SUCESSO: FOQUE EM SEUS GATILHOS DE CONVERSA

Melinda F. Emerson

Embora as vendas sejam essenciais para o sucesso de seu negócio, muitos donos de pequenas empresas focam na geração de leads só quando estão no modo pânico. Não fique tão ocupado com a rotina de suas operações a ponto de se esquecer das atividades contínuas de marketing. Para ajudá-lo a atingir sua meta de vendas, a seguir, estão seis técnicas de marketing para assegurar que sempre tenha um funil de vendas repleto de clientes potenciais e consumidores prontos para fazer negócios com você:

1. **Defina o perfil de seus melhores clientes.** Quem são seus clientes mais valiosos e lucrativos? Quanto eles gastam com você anualmente? Você deve entender que valor sua empresa proporciona a eles para poder continuar a satisfazer suas necessidades. Questões de negócios podem mudar rapidamente, tornando fornecedores potencialmente intercambiáveis. Também não deixe de agradecer a seus clientes; ninguém é obrigado a fazer negócios com você.

2. **Converse com seus clientes.** Você deve conhecer as necessidades deles e entender quaisquer fatores novos que influenciam o setor ou o processo de tomada de decisão deles. Prepare 10 perguntas para fazer e não deixe de engajá-los em uma conversa informal sobre assuntos pessoais: filhos, férias, planos de viagem etc. Quanto mais pessoal for o relacionamento, mais esse relacionamento lhe permitirá obter informações críticas e criar um grande defensor de sua empresa.

3. **Alinhe os esforços de marketing com as metas de vendas.** Vendas e marketing devem trabalhar juntos nas empresas pequenas. Planeje suas ações de marketing com base no número de leads que precisa gerar. Se você sabe que necessita de 500 leads por mês para fechar 50 vendas, então determine quantas ligações, e-mails, *posts* em blogs, anúncios no Facebook e mensagens no Twitter devem ser feitas, enviados e postados por mês para gerar o tráfego desejado. Você deve definir um processo de vendas e trabalhar proativamente em seus esforços de marketing para que produzam os resultados de vendas desejados.

4. **Nunca tire seu olho da concorrência.** Identifique vários competidores. Descubra quais benefícios os mesmos proporcionam aos clientes deles. Use o site da concorrência para ter insights. Compare seu *branding*, sua proposta de valor e seu preço. Com base em sua avaliação, desenvolva ao menos três estratégias que poderá usar para se posicionar eficientemente frente a eles.

5. **Refine seu *elevator pitch* (abordagem de elevador).** Sendo proprietário de uma empresa pequena, seu trabalho mais im-

portante é vender a si e a sua empresa. Ser capaz de explicar sucintamente seu negócio cria confiança, mas você não deve usar o mesmo discurso para sempre. De tempos em tempos, mude um pouco. Acrescente uma pequena lista de clientes, mencione uma premiação recente ou um sucesso de mídia. *Elevator pitches* servem para atrair seu alvo e manter a conversa em andamento. Ofereça apenas o suficiente para fazer com que o cliente potencial comece a fazer perguntas.

6. **Use um quadro de visualização.** Todos os negócios têm seus altos e baixos. A forma como você supera os tempos difíceis em sua empresa faz toda a diferença em sua produtividade. Aconselho meus clientes proprietários de pequenas empresas a criarem um quadro de visualização com as maiores metas em sua vida. Se você atingir as metas de sua empresa, quais são as 10 coisas que gostaria na vida? Crie uma representação visual de sua lista. Use recortes de revistas ou imagens de Clip-Art – o que for necessário para desenvolver um símbolo visual de suas metas pessoais. Afixe esta colagem para lembrar-se de por que está trabalhando tão duro. Essas 10 razões manterão você motivado nos dias ruins assim como nos bons!

Implementando essas seis estratégias, você conseguirá avaliar a eficácia de seu marketing e se motivar para manter-se informado sobre seu processo de vendas.

Melinda F. Emerson, conhecida como SmallBizLady, está entre os principais especialistas em pequenas empresas nos Estados Unidos. É anfitriã do chat para pequenos empresários @smallbizchat, no Twitter. Ela também tem um blog sobre recursos em www.succeedasyourownboss.com. Melinda é autora do best-seller *A bíblia do empreendedor: torne-se seu próprio chefe em 12 meses.*

PARTE OITO

OBTENHA CLIENTES POTENCIAIS MELHORES

45 CINCO RAZÕES DO PORQUÊ VOCÊ ESTÁ SENDO RECOMENDADO PARA PERDEDORES – E COMO CORRIGIR ISSO

Como palestrante e *coach* de marketing, prego, ensino e refino continuamente minha própria habilidade de estimular mais e melhores recomendações, além de ajudar meu público e meus clientes a fazer o mesmo.

Embora eu não seja um **especialista em recomendações,** sou um grande **entusiasta delas.**

Depois de ler este capítulo, VOCÊ verá onde seu processo de geração de recomendações talvez esteja falhando e como corrigi-lo.

Uma cliente minha de *coaching* em marketing fez uma pergunta excelente sobre o assunto: "David, não acho que tenho problema em gerar recomendações. Na verdade, meus clientes e colegas sempre são muito generosos e acessíveis quando se trata de recomendações. O problema não é a QUANTIDADE, é a QUALIDADE."

Ela prosseguiu, "não importa o quanto ativa minha fonte de recomendações seja, eles parecem estar sempre me recomendando para perdedores. Detesto dizer isso, mas você sabe ao que me refiro. Pessoas que não conseguem pagar pelo que fazemos, pessoas que não são tomadores de decisões ou que por diversas razões simplesmente não são os adequados."

A pergunta dela: "Como posso sair desta prisão de recomendações?"

A seguir estão cinco ideias para ajudar você a sair desta prisão de recomendações e colocar SEUS aliados, defensores e fãs na melhor posição e com maior probabilidade de recomendá-lo para as pessoas certas, pelas razões certas.

1. Peça o que precisa

Seja específico.

- "Empresários" não é específico. "Gerentes de TI" não é específico. "Vendedores de linha de frente" não é específico.
- "CEOs de empresas com 20 a 100 funcionários no setor de distribuição de alimentos no noroeste dos Estados Unidos" é específico.
- "Executivas de vendas em TI" é específico.
- "Gerentes de TI em *call centers* do Canadá" é específico.

Alguns de meus clientes também gostam de incluir um "glossário" em sua descrição de recomendações. É um conjunto de frases ou palavras ditas que indicam se alguém é uma recomendação adequada para você.

Para um exemplo específico de glossário de recomendações veja meu caso real em **www.doitmarketing.com/marketing-coach.** [texto em inglês].

O PIOR tipo de pedido de recomendação é "Vou falar com qualquer pessoa que precise [de seu produto ou serviço]."

Pare de fazer pedidos de recomendação burros e não receberá mais recomendações burras.

2. Mostre a eles nomes, empresas e prove que pode fazer essas pessoas felizes

Convenhamos: a razão pela qual pessoas não recomendam você é que estão colocando o próprio capital relacional delas (também conhecido como reputação) a prêmio. E isso é arriscado.

Se conseguir eliminar o risco da recomendação, você abrirá as comportas para obter mais e melhores recomendações para a vida toda.

Dica: eles não acreditarão em VOCÊ. Eles acreditarão em seus clientes, em recomendações anteriores e em pessoas que lhe deram dinheiro e que se sentiram empolgadas em fazer isso.

Imprima uma lista chamada "Histórias de Recomendações de Sucesso". Cite de cinco a sete recomendações que recebeu no último ano. Inclua dois tipos de depoimento de ambos:

1. clientes recomendados que acabaram contratando você (sucesso com cliente);
2. suas fontes de recomendação, que estão falando como foram elogiadas por indicarem você (sucesso com recomendação).

3. Diga a eles exatamente o que dizer ou enviar

Você está prestes a descobrir o poder das sinopses promocionais nas recomendações. Siga os modelos, do próximo capítulo, para criar sua própria **sinopse de recomendação** e COMECE A USÁ-LA.

4. Quando receber uma recomendação ruim, promova um pouco de *coaching* de recomendação.

Quando você for recomendado para inúteis, diga diplomaticamente para sua fonte por que a recomendação não foi boa **e** como ela pode sintonizar seu radar melhor da próxima vez.

A seguir, está um modelo que você pode adaptar à sua situação, estilo e tom. É um tipo de comunicação delicada, portanto você irá querer reformular o texto cuidadosamente. Isso não é, definitivamente, uma resposta "copiar e colar", mas apenas um ponto de partida:

> *Michelle,*
>
> *Declinei gentilmente a oportunidade de buscar um relacionamento comercial com [nome da recomendação].*

Muitos alertas, especialmente após ouvir as preocupações desta pessoa, indicaram que não é adequada para nós como cliente.

Agradeço muitíssimo pela recomendação – e, para mim ela conta. (TODA recomendação conta não importa o resultado!)

Se isso lhe causar algum constrangimento no relacionamento com [nome da recomendação], por favor aceite minhas desculpas antecipadamente.

Só para esclarecer, o perfil dela era perfeito – **[DESCREVA duas ou três qualidades ideais da recomendação]**. *A desconexão foi em nossa adequação às expectativas dela e à* **[falta de orçamento, falta de necessidade, falta de autoridade, o que quer que faltasse]** – *dois fatores sobre os quais você não tinha controle.*

Sempre agradecido por seu suporte, orientação e amizade,

David

5. Faça perguntas inteligentes sobre fornecimento de recomendações para gerar respostas inteligentes de obtenção de recomendações

A maneira mais rápida de aumentar tanto a qualidade quanto a quantidade de recomendações RECEBIDAS é aumentar seu histórico de recomendações de alta qualidade OFERECIDAS.

E para isso, você precisa **parar de adivinhar** e **começar a focar**.

COMO SE TORNAR UM DETETIVE DE RECOMENDAÇÕES

Aprenda a fazer perguntas consultivas sobre seus clientes, representantes de vendas, parceiros, fornecedores, amigos, colegas e membros de seu *networking*. Qualquer pessoa para quem você deseja DAR recomendações mais focadas.

Suas perguntas podem incluir:

1. Quem são seus melhores clientes e por quê?
2. Como eles chegaram até você?
3. Em que situação eles estavam?
4. O que eles disseram ou fizeram para demonstrar interesse?
5. Como você soube que eram adequados?
6. Como você tentou ser mais parecido com eles?
7. O que devo ouvir deles? (Peça detalhes e especificações)
8. Qual é o DNA de um excelente cliente potencial para você? (Peça detalhes e especificações)
9. Quais expressões, palavras-chave ou problemas a favor deles devo ouvir?
10. Quais desejos, necessidades e aspirações seus melhores clientes têm em comum? (Peça detalhes e especificações)
11. Quais angústias, problemas, obstáculos e desafios seus melhores clientes têm em comum? (Peça detalhes e especificações)
12. Se eu programasse meu GPS para chegar aos seus melhores clientes potenciais, quais seriam os parâmetros? (Peça detalhes e especificações)

Seja insistente em suas perguntas complementares para extrair detalhes. A seguir, está um conjunto de ferramentas de prova para deixar você munido e pronto para uma complementação inteligente.

1. Conte mais sobre...
2. Fale mais sobre...
3. Por que isso era importante para eles?
4. O que faz você dizer isso?
5. Como você sabe?
6. E isso o levou a...
7. Por isso era um problema?
8. O que mais eles disseram?
9. O que mais você acha que eles estão buscando?
10. Por favor, compartilhe duas ou três de suas perguntas de pré-qualificação para que eu possa começar a recomendar você com mais precisão.

Siga estes passos e você gerará MAIS e MELHORES recomendações com maior probabilidade de um fechamento RÁPIDO e FÁCIL.

46 CONSTRUA SUA SINOPSE DE RECOMENDAÇÃO

Como é uma **sinopse de recomendação?**

O quê? Você não sabe o que é uma **sinopse de recomendação**? Não diga, deixe-me adivinhar:

- VOCÊ não está recebendo recomendações o bastante.
- Você gostaria de receber MAIS recomendações, mas não sabe como.
- Você DETESTA pedir recomendações.
- Você faz um trabalho EXCELENTE. As pessoas já deveriam recomendá-lo só com base nisso, não deveriam?

Bem, talvez tudo isso seja verdade. Mas, acontece que você está vivendo no que os *coaches* de marketing chamam de Terra da Fantasia da Recomendação.

Quer mais recomendações? Ok. Preste atenção.

VOCÊ precisa de uma sinopse de recomendação. Meu amigo Eric David, especialista em treinamento de gestão, compartilhou esta ideia comigo. Eu queria apresentá-lo ao CEO de uma pequena empresa de serviços com dez funcionários, um de meus clientes. Ele disse: "David, isso seria ótimo. Vou lhe enviar o e-mail."

Perguntei a Eric: "Como?"

Ele disse: "Tenho um e-mail pronto, que contém tudo o que você precisa enviar ao seu contato CEO sobre me encontrar, conhecer o que faço e tudo mais que pode fazer sentido para ele." Fiquei impressionado. Ele continuou: "Estou construindo meu negócio tomando integralmente como base três estratégias: primeira, *networking* pessoal; segunda, recomendar pessoas boas que conheço para outras pessoas com quem deveriam estar conectadas; e terceira, munir minha rede de relacionamento com este texto de e-mail (que chamo de **sinopse de recomendação**).

Caro XXX,

Gostaria de lhe apresentar meu amigo e colega, Eric David. Eric é um conselheiro confiável na área de treinamento em liderança e gestão. Após conhecer a ele e a seus programas, penso que o material e a metodologia de treinamento que emprega fazem muito sentido (e poderiam realmente beneficiar sua organização). Sugeri que você seria uma pessoa excelente para ele conhecer, e me sinto confortável em lhe perguntar se estaria disposto a recebê-lo para uma conversa de 30 minutos. Com base no que conheço sobre Eric, esses 30 minutos serão de grande valia, e não há qualquer obrigação de sua parte caso o explanado na reunião não lhe pareça interessante.

Agradeço, antecipadamente, por considerar a oportunidade. Fico no aguardo de notícias suas em breve.

Agora, como palestrante e *coach* de marketing, perguntei a Eric duas coisas:

1. Você se incomoda se eu roubar isso?
2. Você se incomoda se eu tentar aprimorar isso?

Ele deu a sua bênção. Então, aqui está a minha versão. Repare que eu não só mudei o negócio (eu sou um especialista em marketing, ele é um treinador de gestão empresarial), mas também mexi um pouco na linguagem voltada para o destinatário. Tentei fazê-la mais sobre eles. Esta é a chave. Dê uma olhada:

Caro XXX,

Gostaria de lhe apresentar meu amigo e colega, David Newman. David trabalha com executivos e profissionais liberais que querem aprimorar seu marketing e fazer seus negócios crescerem. Após conhecer David e explorar como você atualmente atrai, engaja e conquista clientes, poderá descobrir que os programas de marketing dele fazem muito sentido para você (e poderiam realmente beneficiar seu resultado). Sugeri que você seria uma pessoa excelente para ele conhecer, e me sinto confortável em lhe perguntar se estaria disposto a recebê-lo para uma conversa de 30 minutos.

Com base no que conheço sobre David e seu histórico em ajudar empreendedores e executivos a obterem sucesso – mesmo nesta conjuntura econômica –, esses 30 minutos serão de grande valia, ainda que seja apenas para explorar outras maneiras em que vocês podem ser mutuamente úteis.

Agradeço antecipadamente por sua atenção em considerar a oportunidade. Fico no aguardo de notícias suas em breve.

Agora é sua vez. Use este modelo:

Caro XXX,

*Gostaria de lhe apresentar meu amigo e colega, [seu nome e sobrenome]. [Seu nome] trabalha com [*buyer persona *alvo].*

que querem [especifique o benefício ou resultado]. Após conhecer [seu nome] e explorar como você atualmente [declaração de uma meta importante para ele], poderá descobrir que [programas/produtos/serviços] de [área de expertise] dele fazem muito sentido para você (e poderiam realmente beneficiar seu resultado). Sugeri que você seria uma pessoa excelente para ele conhecer, e me sinto confortável em lhe perguntar se estaria disposto a recebê-lo para uma conversa de 30 minutos.

Com base no que conheço sobre [seu nome] e seu histórico [categoria da buyer persona*], com certeza obterão sucesso . Até nesta conjuntura econômica, esses 30 minutos serão de grande valia, mesmo que seja apenas para explorar outras maneiras em que vocês podem ser mutuamente úteis.*

Agradeço antecipadamente por sua atenção em considerar a oportunidade. Fico no aguardo de notícias suas em breve.

Envie sua sinopse de recomendação para dez de seus aliados de confiança, parceiros de recomendação e amigos empresários próximos. E veja quanto dinheiro vai ganhar com essa ideia incrivelmente poderosa – **sua sinopse de recomendação!**

47 NÃO SEJA UM ASNO DA RECOMENDAÇÃO

Isso é tudo que posso dizer.

Às vezes, meu radar capta uma asneira de marketing que é:

- quase impossível de acreditar;
- idiota demais para eu não compartilhar com você, como um conto de advertência.

Eis um e-mail que recebi de um produtor de áudio a quem conheço pessoalmente (e do qual vou omitir o nome para proteger da asneira).

> *De: Asno@AudioCoNomeMudado.com*
> *Para: David Newman <david@doitmarketing.com>*
> *Enviado em: quarta-feira, 22 fevereiro, 15:26*
>
> *Oi,*
> *O anexo é algo novo para 2013 que deve tornar mais fácil entender todos os tipos de serviços que oferecemos aqui na [Nome da empresa de áudio]. Espero que isso facilite você nos recomendar a outros no futuro. Obrigado e espero que tudo esteja bem com você!*

Vamos examinar o que há de errado com essa mensagem:

1. Ele manda e-mails em massa para seu banco de dados de contatos com a saudação "Oi". Embora seja um cara que me conhece pessoalmente, que já fez negócios com vários de meus

clientes (não com minha recomendação, pode ter certeza), se tivesse a mínima noção de como usar esse sistema de e-mail, poderia ao menos ter se dado ao trabalho de usar o recurso de personalização para fazer esta nota dizer "Oi <nome>", para se dirigir a seus contatos pelo nome.

2. Eu não estava com dificuldade para entender "todos os tipos de serviços que eles oferecem lá" na empresa dele. O que realmente tenho muita dificuldade de entender é o porquê alguém recomendaria um palerma egocêntrico desses para seus clientes.
3. "Espero que isso facilite você nos recomendar a outros no futuro." De novo, eu não estava perdendo o sono diante da dificuldade de recomendar esse cara. Resolver esse problema é uma prioridade para ELE, não para MIM (ou para VOCÊ). Você sabe o que tornaria muito mais fácil para mim recomendar esse cara? Se ele de fato me proporcionasse algum VALOR REAL, alguns insights, algumas dicas, recursos, ferramentas e ideias para me tornar mais bem-sucedido, não a ele.
4. "Obrigado e espero que tudo esteja bem com você!" Esta finalização, totalmente sem autenticidade, simplesmente joga sal em uma ferida aberta. Esse cara está brincando? Seu tom, sua abordagem e sua mensagem parecem mais um cantor de ópera aquecendo a voz: "Mim, Mim, Mim", e ele espera que eu esteja bem enquanto luto contra um câncer na garganta, procuro desesperadamente uma casa de repouso para colocar meus pais idosos e tento heroicamente fazer as contas de minha pequena padaria de bairro fecharem. Estou comovido com a preocupação genuína desse idiota comigo e com meu bem-estar.

A pior parte de tudo isso? Ele é uma falácia, uma fraude, um falso e um tomador. Esta é a pior estirpe de pequeno empresário que existe. Um lobo em pele de cordeiro (lobos vestem pele de cordeiro? Sei não. Este, com certeza, veste!).

Sabe o que teria sido mil vezes melhor?

Proporcionar-me algum valor. Dar-me alguma razão para eu querer ajudar você.

Personalize sua mensagem. Ou (credo!) não me envie e-mails em massa e aproxime-se pessoalmente.

Esse cara tem uma lista de contatos irrisória, então, não é como se fosse impossível alcançar pessoalmente seus defensores potenciais, aliados e fontes de recomendação.

Você quer fazer melhor que esse pobre coitado? Com certeza. Então, tenha uma sinopse de recomendação alavancada. Crie uma, compartilhe e use com moderação.

Pegue a via expressa para o sucesso com recomendação.

48 REFINA SEU *NETWORKING*

Se seu *networking* é com estranhos, está desperdiçando tempo.

Uma amiga consultora, certa vez, reclamou: "Estou participando de dois a três eventos de *networking* por semana e estou acabada."

Quando perguntei-lhe por que achava *networking* importante, ela respondeu: "Uma de minhas metas de marketing é participar de pelo menos um evento de *networking* por semana." Ressaltei que ela acabara de admitir que ia a dois ou três, que talvez um por semana fosse mais inteligente e que triplicar esta meta estava lhe causando parte da fadiga.

Mas, há muito mais para entender o grande mito comercial do *networking*.

Mito 1: quanto mais redes de contatos você busca, mais eficiente sua atividade de *networking* se torna.

Verdade 1: é muito mais importante tornar-se bem conhecido em um ou dois círculos que espalhar suas atividades de *networking* por muitos grupos. A profundidade sempre vence a amplitude.

Então perguntei como o *networking* estava ajudando-a. Ela respondeu: "Acho que não vi nem sombra de negócios nos últimos seis meses."

A justificativa dela para fazer *networking:* "Todo mundo sabe que se constrói um negócio com *networking!*"

Isso faz algum sentido? Ou pior, isso lhe soa familiar?

Veja se o cenário a seguir já aconteceu para você:

Você conhece alguém em um café da manhã de *networking.* Ele se apresenta e murmura alguma coisa sobre venda de imóveis enquanto você se desliga. Ele pergunta o que você faz e a resposta é "consultoria de TI". Depois de 10 segundos fitando um ao outro, calados, vocês dois vão até o bufê repor seu café e pegar mais um bolinho por falta de algo melhor para fazer.

Deve existir uma maneira melhor, certo? Com certeza. Continue lendo.

Mito 2: um circuito é seu caminho para o sucesso com *networking.*

Verdade 2: *networking* com estranhos para conseguir negócios é tão eficaz quanto ir a um bar de solteiros para arranjar casamento. Segundo as palavras imortais do Dr. Phil McGrow [psicólogo americano]: "Simplesmente não vai acontecer."

Veja por que você não vai encontrar sua alma gêmea comercial em um evento de *networking:*

1. Você não vai fazer negócios com alguém depois de falar com essa pessoa por alguns minutos e receber um cartão de visitas de segunda.
2. Negócios são fechados com base em relacionamentos, não em comerciais de 30 segundos. Não importa o quanto estes sejam eficientes e intrigantes.
3. A maior parte de nós tem dificuldade em explicar o que faz, e, mais ainda, de passar dessa explicação e ouvir o que o cliente potencial precisa.

4. *Networking* com estranhos não é algo específico e focado, na verdade, é completamente aleatório.
5. Para algumas pessoas, o *networking* é tão eficiente quanto *cold calls,* que é a ferramenta de marketing menos eficiente que existe.

Então, estou dizendo que *networking* é perda de tempo? Absolutamente não. O que estou afirmando é que você precisa começar a fazer ***networking* de maneira inteligente.** A seguir, estão algumas ideias para deslanchar sua estratégia de *networking:*

- Faça seu *networking* com cada pessoa individualmente, marcando um café da manhã ou um almoço. Conheça essas pessoas e o negócio delas. Elas podem se tornar um cliente potencial, um parceiro ou uma fonte de recomendação. Mas busque, antes de tudo, fazer delas suas amigas. O resto seguirá naturalmente.
- Se você quer fazer seu *networking* com estranhos, vá com o objetivo de marcar dois ou três almoços ou cafés da manhã com aqueles que achar interessantes.
- Peça a cada cliente feliz que você tem (eles estão todos felizes, certo?) uma recomendação de uma pessoa que estaria interessada em seu tipo de produto ou serviço e mencione o nome deles. "Olá, meu nome é Fred. Ginger disse que eu deveria ligar para você. Ginger é gente muito boa, não é mesmo?" Vocês já têm algo em comum: Ginger!
- Faça uma lista com o tipo exato de empresas com quem quer criar um relacionamento. Talvez você venda software, e queira conhecer gerentes de TI de empresas de médio porte. Faça a lista e coloque em sua agenda ou nos contatos do celular. Foque seu *networking* e atividades de contato somente nestas pessoas ou em quem que pode recomendar você para aquelas.
- Junte-se a grupos não relacionados a negócios e dedique algum tempo a atividades fora do âmbito empresarial: cívicas, sociais, religiosas, recreativas, musicais, atléticas – a lista é interminável. Estabeleça relacionamentos com pessoas de seu grupo. Você toca atabaque? Adivinhe! Um tocador de atabaque pode querer fazer negócios com outro tocador de atabaque!

- Se for a um evento informal, vá com uma meta em mente. Por exemplo, sua meta pode ser "conhecer três pessoas da minha lista-alvo, pedir o cartão delas para, na sequência, convidá-las para um café da manhã, almoço ou café." Um evento tradicional de *networking* torna-se a primeira fase de seu plano de domínio global, não o fim propriamente dito.

A seguir, um pensamento para aprimorar sua mentalidade de *networking:*

Faça seu *networking* com pessoas que já conhecem você, gostam de você ou já tiveram negócios com você.

Mito 3: *networking* tem tudo a ver com fazer mais pessoas saberem o que você faz.

Verdade 3: *networking* tem tudo a ver com fazer pessoas que já conhecem você compartilharem oportunidades, em que ambas as partes podem se beneficiar.

Faça duas ou três ligações por dia para se conectar com colegas de empregos anteriores, ex-clientes ou pessoas influentes que expressaram interesse em você no passado. Todos temos uma base de fãs que subutilizamos. Pense sobre contatar amigos, colegas, mentores e familiares para explorar as conexões que já tem à mão.

Não deixe de fazer seu *networking*. Mas invista seu tempo e energia em um *networking* inteligente.

Como sua mãe sempre advertiu: "Não fale com estranhos."

TURBINE! ESTRATÉGIA DE SUCESSO: MARKETING COM MENOR CUSTO E MAIOR RETORNO

Mark LeBlank

Mais de 50% das minhas recomendações vêm da minha estratégia de defensores. Independente de você ser um veterano ou um iniciante nos negócios, a seguir está uma estratégia de marketing de baixo custo que pode lhe render grandes dividendos.

Objetivo

O objetivo desta estratégia é criar um grupo de defensores. Outra maneira de ver isso é reunir um grupo de fãs ou discípulos no mercado. Eles podem ser clientes encantados, colegas, fornecedores, amigos e até mesmo competidores amigáveis. A definição de defensor é alguém que está disposto a se esforçar para lhe abrir uma porta ou fazer uma conexão positiva a seu favor.

Faça uma lista com 25 ou 17 ou, até mesmo, as cinco pessoas mais importantes em sua vida que estão em uma posição capaz de impactar seu negócio. Acrescente algumas mais, aquelas que podem vir a ser suas defensoras se conhecerem você melhor!

Próximo Passo

Tendo sua lista em mãos, nunca deixe esses defensores ficarem mais de 30 dias longe de você. Isso mesmo. Você pode se comunicar ou se conectar com seu grupo de seis maneiras:

1. visita pessoal;
2. telefone;
3. carta;
4. e-mail
5. mídia social;
6. mensagem de texto.

A cada 30 dias, conecte-se com seus defensores de maneira simples. Crie um plano anual com 12 ideias para se manter em contato com esse grupo especial. Se tais pessoas são suas defensoras, é sua responsabilidade permanecer em contato com elas. Embora eu recomende contatá-las a cada 30 dias, para alguns empresários, a cada 60 ou 90 dias também será suficiente.

Atenção! Como regra geral, não aconselho que você peça recomendações a seus defensores. Coisas boas acontecerão naturalmente com o tempo. Conforme você estabelece uma conexão, seus defensores irão conhecê-lo melhor e entender mais claramente o que você faz e para quem faz melhor.

Boas Conexões

A seguir, estão algumas ideias simples que você pode incluir em seu plano anual para permanecer conectado com seus 25 defensores-alvo:

1. uma carta;
2. um livro;
3. um cartão divertido;
4. um bóton;
5. um marcador de livro;
6. uma mensagem de texto;
7. uma *newsletter* (se for trimestral significa quatro conexões por ano);
8. um cartão em datas comemorativas;
9. um telefonema;
10. uma cópia de um artigo que você escreveu;
11. um café, um almoço ou um happy hour (pessoalmente);
12. um e-mail de felicitações.

Tenha em Mente

Algumas pessoas tornam esta estratégia muito complicada, mas ela deveria ser simples e requerer de uma a quatro horas por mês. Sob uma perspectiva financeira, seu investimento pode ir de zero a R$ 100 por mês. Aqui está sua chance de ser criativo e ter momentos divertidos com pessoas que se importam com seu sucesso.

A cada período entre 90 e 180 dias, avalie sua lista, acrescente novos defensores e exclua as pessoas que pensava serem defensores. Conecte-se com elas com menor frequência.

Seu negócio depende da construção de bons relacionamentos, e recomendações são um resultado crítico do processo de marketing. Você pode gerar mais recomendações tendo 25 defensores com quem se comunique de maneira pessoal e valiosa a cada 30 dias. Experimente e veja se concorda comigo de que esta é uma das estratégias de marketing mais poderosa que existe no mundo!

Mark LeBlank fundou a Small Business Success, em 1992, e tem trabalhado com palestras e feito algumas para grupos de empresários e profissionais liberais que desejam crescer e vender mais produtos e serviços.

Ninguém criou uma filosofia de desenvolvimento de negócios mais abrangente que Mark. Suas estratégias são inteligentes e práticas, e podem ser facilmente entendidas e acessadas. Seu conteúdo é guiado por 16 princípios e fórmulas, cada qual com um impacto imediato. Quando os princípios e as fórmulas são integrados, é possível criar uma onda de impulso irrefreável. Conecte-se com Mark em mark@smallbusinesssuccess.com.

49 POR QUE SEUS LEADS SÃO UMA LIGAÇÃO PARA O 190?

Quando as pessoas ligam para o 190 estão precisando de uma resposta de emergência. Quanto mais rápido, melhor. Ou você chega rápido lá, ou o paciente morre.

Eu encorajo você a **AUMENTAR a urgência do tempo de resposta de seu marketing e de suas vendas**.

Por que?

Bem, você sabe qual é o tempo de resposta que **maximiza suas vendas** para leads que chegam através de seu site ou e-mail? Ou de leads e dos pedidos de informação de clientes potenciais que você recebe por telefone?

Você acha que é:

a. 48 horas
b. 24 horas
c. 8 horas
d. 1 hora
e. 15 minutos
f. Quando você tem tempo. Eles podem esperar.

Pesquisas conduzidas pela MarketingProfs e Hubspot provam que o tempo de follow-up de leads que maximiza as vendas é um **intervalo de 15 minutos!**

O que isso significa para você, seus esforços de marketing, seu time de vendas e sua agenda pessoal como empresário ou empreendedor?

Simples: quando se trata de responder a leads, o mantra é: **"Agora ou nunca".**

Má notícia: seus leads não vão esperar; eles estão BUSCANDO uma solução AGORA. Você não é o único provedor de serviços que eles estão chamando. Nem de longe.

Boa notícia: um **lead** convertido RÁPIDO em **cliente potencial** (significando que você teve uma conversa dentro de 15 minutos após o primeiro contato) tem uma probabilidade muito maior de parar de procurar. Uma vez que se conectam com um ser humano de verdade que transmite o fato de que entende a situação **e** que está em posição de ajudar, o frenesi de ligações e e-mails para. Todas as ligações anteriores, e-mails e outras formas de contato via internet não respondidas ficam à margem e VOCÊ tem SUA chance.

Portanto, não a arruíne. Não caia na tentação de poetizar sobre seu excelente produto, serviço, programa e seu pessoal. PARE.

Uma conversa que, de sua parte, consiste principalmente em ouvir tem muito mais probabilidade de criar confiança e empatia da parte deles.

Mas a questão é velocidade, por quê? Porque a responsividade no processo de vendas sinaliza responsividade no relacionamento de negócios.

Exemplo rápido: recebi um correio de voz de uma cliente potencial. Eu estava dirigindo quando ouvi a mensagem, então estacionei, imediatamente, e retornei a ligação dela. Eu disse: "Olá Suzan, quem fala é David Newman da Do It! Marketing". Antes que eu pudesse dizer outra palavra, ela começou a rir. Ela falou: "Bem, se este é o tipo de responsividade que posso esperar quando me tornar cliente, pode me incluir!" E ela se incluiu. E continuava nossa cliente à época da redação deste livro.

A velocidade é a própria mensagem.

A moral da história é que seus leads NÃO PODEM ESPERAR.

Porque seus clientes potenciais NÃO VÃO ESPERAR.

Pense sobre seu próprio comportamento de vendas. Você deixa uma mensagem, e continua fazendo ligações. Alguém responde e, então, seu problema está 80% resolvido e AQUELE vendedor ganha a oportunidade de fechar negócio com você.

A única exceção à regra do 190 é um **lead de publicidade.** Quando um jornalista liga, **não é um 190**.

É um INCÊNDIO em suas calças.

Então, se 190 é resposta de emergência, **apagar o fogo de suas calças** é uma resposta crítica. Largue já o que estava fazendo. O prazo dos jornalistas é expresso em horas, às vezes, em minutos. Eles recebem centenas de fontes o dia inteiro, todos os dias. Quando jornalistas quiserem apresentar você ou incluí-lo em alguma história deles CORRA, corra mesmo, não ande, até o telefone ou o ponto de acesso à internet mais próximo e forneça o que eles precisam.

Caso contrário, você será "torrado". E justo aquelas calças que caiam tão bem em você. Uma verdadeira pena.

Lembre-se: sejam os clientes potenciais ligando para fazer negócios com você ou jornalistas para pedir uma história, **velocidade MATA (a concorrência!)**

50 SETE MANEIRAS ESTÚPIDAS DE ARRUINAR SEU PROCESSO DE VENDAS

Por estar frustrado com minha própria estupidez, postei em meu blog (**www.doitmarketing.com/blog** [em inglês]) sobre a PIOR ligação de vendas da minha vida. Eu me xinguei, esbravejei e me estapeei por ter ignorado os alertas. Sim, foi muito ruim.

Vamos descrever as maneiras para que você possa aplicar as sete lições a SEU processo de vendas, para que nunca o arruíne como eu fiz.

1. **Cliente potencial errado:** eu já sabia, mesmo antes de pegarmos no telefone. Ele não serve, não possui o **DNA dos nossos clientes** mais bem-sucedidos. Ele é do tipo "está lá".
2. **Processo errado:** ele leu o material que enviei com antecedência? Não. Ele sabia qual era nosso ramo de negócios? Não. Ele entendeu como trabalhamos e o que fazemos? E, mais im-

portante, POR QUÊ? Não. Isso é culpa de meu cliente potencial? CLARO QUE NÃO! A culpa é minha por não acompanhar meu próprio processo (e não assegurar que o cliente potencial o seguisse também). A única coisa pior que o processo errado é NENHUM PROCESSO. E, como *coach* de marketing, sei que fui, em parte, culpado disso no passado também, mas desta vez, a culpa foi toda minha: **tive um processo que meu cliente potencial não seguiu.** Eu deveria ter remarcado no momento em que descobri isso. Mas não o fiz.

3. **Orçamento errado:** POR QUE você continua tendo conversas de vendas com pessoas cujas primeiras indagações primeiras começam com a frase "o dinheiro está curto" ou "cortaram nosso orçamento" ou "não tenho nem duas moedas tilintando" (já ouvi todas essas – literalmente – dezenas de vezes, e geralmente sei o que fazer). Se eles alegam pobreza na abordagem, não se tornarão milionários de repente no telefone. **Levante o assunto dinheiro logo e rápido.** Não seus honorários, mas a política de preços deles, o ROI (em português, o Retorno sobre Investimento) deles, a média de vendas, o valor do tempo de vida do cliente. Faça isso e você definirá o **contexto** para seus honorários como um investimento. Você evitará o **choque da etiqueta de preço** quando lançar um número para alguém antes de estabelecer um VALOR compatível com ela.
4. **Palavras erradas:** você ouve (ouve VERDADEIRAMENTE) o que seus clientes potenciais dizem nos primeiros minutos da conversa de vendas? Consegue identificar se eles estão usando as palavras certas, comparadas às erradas que indicam se estão prontos para seguir em frente, se compreendem o valor que seus produtos e serviços proporcionam e o nível de sofisticação deles como consumidores informados? Se conseguisse, **venderia mais rápido,** e pararia de desperdiçar um tempo de venda precioso com "compradores de preço", indecisos e perdedores sem um tostão furado.
5. **Perguntas erradas:** você ouve com a mesma atenção – ou talvez mais – os tipos de perguntas que seu cliente potencial faz

para VOCÊ durante uma ligação de vendas? Consegue saber com base nas perguntas DELES se estão no mesmo contexto que seus melhores clientes? É capaz de identificar as urgências e prioridades subjacentes deles, com base nas perguntas que fazem? Alguma vez você já **redirecionou gentilmente uma pergunta ruim** com a frase: "A pergunta que está me fazendo-na verdade é..." e respondeu: "E a resposta para esta pergunta é..."? Exemplos de perguntas ruins são aquelas baseadas em medo, que se fixam em garantias verbais, garantias documentadas, tudo o que poderia dar errado, detalhes insignificantes e métricas irrelevantes.

6. **"Fanfarronice":** quando um cliente potencial passa um tempo considerável falando sobre como é bem-sucedido, sobre como o negócio dele é lucrativo, sobre quanto dinheiro ganha e sobre que tipo de carro dirige, sei que ele não serve para mim. Eis a verdade, pessoal: **pessoas bem-sucedidas SÃO bem-sucedidas. Elas não FALAM sobre ser bem-sucedido.** Alguém que se gaba assim sofre de baixa autoestima ou, pior, tem mentalidade de uma criança, que continua tentando impressionar psicologicamente papai e mamãe que nunca a amaram o bastante. Saia dessa, e rápido!
7. **Tipo errado:** ponha seu cliente potencial em uma fila imaginária juntamente com seus melhores consumidores, tanto atuais como antigos. Este cliente potencial atual se encaixa? Ele pertence a este grupo? É uma extensão natural para sua família de negócios? Caso não seja, isso deve ser suficiente para fazer você desligar o telefone imediatamente. **Semelhantes se atraem**. Se seu cliente potencial ficar para fora da fila de seus clientes atuais, alguma coisa está seriamente errada, e você não deve deixar este cliente potencial entrar no círculo daqueles com que você ama trabalhar e que adoram trabalhar com você.

Deixe de dar atenção a estes sete sinais de alerta e, na melhor das hipóteses, você estará desperdiçando tempo, energia e esforço preciosos com o cliente potencial errado que não vai fazer negócios com você de qualquer forma. E, na pior das hipóteses, vai acabar com um cliente palerma ou até mesmo um cliente infernal.

Amigos não deixam amigos arruinarem seus processos de vendas.

Você é bem-vindo.

Eu te amo.

51 CINCO SINAIS DE QUE SEU CLIENTE POTENCIAL ESTÁ ENROLANDO

Seu marketing e seu processo de vendas devem ser **fáceis, tranquilos e prazerosos.**

Ponto. Fim da frase.

Se não forem – e se você estiver atraindo clientes potenciais **difíceis, de alta manutenção ou não prazerosos** –, eis outro conceito de marketing para você:

> **Se o namoro não vai bem, não vai melhorar depois de casado.**

Como o grande sábio dos negócios, Donald Trump, disse certa vez: "Às vezes, os melhores negócios são aqueles que você não faz." Amém, irmão Trump!

Cinco sinais de que seu cliente potencial está enrolando:

1. Concordar em fechar o negócio e voltar atrás no último minuto ou aparecer no dia seguinte para pedir mais referências, certidão de nascimento, exame de sangue ou garantias.
2. Barganhar, pedir redução no preço sem uma redução correspondente no serviço, nas condições, valor ou relacionamento (pedir uma concessão no preço "só porque" é uma forma clássica de enrolação do cliente potencial).
3. Depreciar seu serviço, seu histórico ou expertise. "Eu poderia fazer isso sozinho, só não tenho tempo" ou "Já terceirizamos isso para vários fornecedores e nunca ficamos satisfeitos." (Corra meu amigo, corra!)
4. Dizer de antemão: "Somos notoriamente difíceis de trabalhar [controladores, perfeccionistas, altamente exigentes], mas não leve isso para o lado pessoal." Isso significa que eles dispensaram outros provedores no passado e estão preparando você para a mesma eventualidade enquanto jogam nos DOIS lados, o do bem e o do mal.
5. Usar termos de falsa afeição como "meu amigo", ou falsos elogios como "Você é um excelente vendedor!" (Obviamente, se você fosse um excelente vendedor, não estaria perdendo seu tempo com este cliente chato, estaria?)

Como a poeta Maya Angelou disse certa vez tão eloquentemente: "**Quando alguém MOSTRAR quem é, acredite nele.**"

52 SEU GPS DE CLIENTE COM NOVE PARÂMETROS

GPS é um sistema de Gerenciamento Preventivo de Sonsos, e veja, a seguir, porque você precisa dele.

Todos os dias, minha equipe e eu, nos empenhamos em assegurar que os clientes que amamos se sintam extremamente felizes com nosso trabalho e resultados.

Paralelamente nos esforçamos em manter de FORA clientes que nos deixarão loucos, consumirão nossas energias ou para os quais é impossível fazer o melhor trabalho.

E você deveria fazer o mesmo em seu negócio.

Nesse espírito, veja um exemplo no qual se basear se você quiser criar um GPS de Cliente (sistema de Gerenciamento Preventivo de Sonsos).

Os clientes podem revelar serem sonsos quando:

1. **São desprovidos de padrões de excelência:** bom o suficiente é bom o suficiente.
2. **Não ligam para aumentar seu conhecimento:** não estão comprometidos em se tornar recursos valiosos para seus próprios clientes e consumidores.
3. **Recusam-se a trabalhar duro e a se comprometerem com o próprio sucesso:** eles não têm persistência e não estão dispostos a experimentar coisas novas para alcançar resultados.
4. **Acham que já sabem tudo:** não estão dispostos a aceitar ajuda e ampliar suas competências, expertise e habilidades.
5. **Resistem em investir em si mesmo e em seu negócio:** não entendem que este é o melhor investimento de todos.

6. **Operam com uma mentalidade de medo e escassez:** não conseguem tomar boas decisões de longo prazo porque são muito avessos ao risco no curto prazo.
7. **Não querem (ou não conseguem) pagar suas contas:** a falta de responsabilidade financeira deles atinge os outros na forma de honorários atrasados, falta de pagamento e desculpas intermináveis.
8. **Transmitem uma energia negativa:** com tanto diálogo interior negativo, pessimismo e cinismo, eles repelem novas oportunidades, novos parceiros e novas ideias (todos vitais para o sucesso).
9. **Não conseguem se comprometer com relacionamentos de apoio mútuo:** nos negócios, assim como na vida, as pessoas mais bem-sucedidas não conseguem isso sozinhas.

Esta é minha lista de parâmetros. Você está pronto? Faça uma lista de seus valores!

Meu cliente pode ser um sonso se...

53 QUÃO BOM CLIENTE VOCÊ SERIA?

O telefone toca e é meu amigo Steve, um colega de consultoria e palestras. Ele me diz no início da ligação: "David, estou ligando porque preciso de uma referência."

Então penso: "Ok, ele quer contratar alguém que já contratei ou alguém que conheço, talvez até um cliente meu cujo testemunho ele viu no meu site."

Eu digo: "Steve, como posso lhe ajudar?"

E então ele menciona o nome de alguém. Vamos chamar essa pessoa de Larry. Bom, eu gosto do Larry, ele é uma boa pessoa. Talvez um pouco confuso sobre seu marketing e suas mensagens, mas tudo bem, porque Larry NÃO é meu cliente (embora eu tenha lhe dado muitas chances!)

Começo a responder para Steve e ele me interrompe: "Não, não. Eu não quero contratar Larry. É Larry que quer me contratar. Estou ligando para perguntar que tipo de cliente você acha que ele seria?"

Uau. Não era para uma referência de consultor ou de palestrante ou de provedor de serviço. Steve estava me perguntando se este cara seria um bom cliente? Para seu conhecimento, Steve me viu conectado com Larry no LinkedIn e em outros sites de mídia social.

Lições para você:

- Vivemos em um mundo hiperconectado.
- As pessoas leem, sim, seu perfil na mídia social.
- As pessoas julgam, sim, você por quem tem como companhia na internet e fora dela.
- Se você é um chato – como consultor, fornecedor, parceiro OU cliente – isso vai se espalhar mais rápido do que imagina.
- Os melhores em cada campo de atuação (VOCÊ) não têm necessidade, tampouco interesse, em trabalhar com chatos.
- VOCÊ não pode se dar ao luxo de ser um chato em nenhum dos lados da equação de compra.

PARTE NOVE

ELIMINE OBSTÁCULOS

54 RPI ENCONTRA CSI

Alguma vez você já foi rejeitado por um cliente potencial, que não só **não entende** o que VOCÊ faz mas – como bônus – lhe diz que **já fazem isso** internamente?

É como se estivessem dizendo: "Eu não sei o que é isso, mas já temos aqui."

Isso é o que chamo de **Rejeição Por Ignorância (RPI).** E é uma das coisas mais frustrantes que vai enfrentar como executivo de marketing ou de vendas e com certeza como um empresário empreendedor.

Um exemplo rápido do meu mundo, veja como esta história se desenrolaria no **SEU contexto e de SEUS produtos, serviços e proposta de valor...**

Primeiro um pouco informação. **Como palestrante e *coach* de marketing** trabalho com dois tipos de público:

1. Como ***coach*,** presto serviços para empresários, consultores e empresas de serviços profissionais que querem crescer.

2. Como **palestrante,** presto serviços para corporações, conferências, associações e vários grupos setoriais compostos por empresários e executivos que querem atuar no mercado mais inteligentemente.

Neste capítulo, **você escolherá suas ferramentas para divulgar e vender SEUS produtos e serviços de maneira melhor, mais inteligente e mais rápida**, e também verá como evitar uma das rejeições mais ESTÚPIDAS de vendas.

Está pronto? Segure firme. A coisa pode ficar feia.

Ah! Espere...

Primeiro, deixe-me compartilhar com você uma carta de prospecção realmente boa para palestrantes.

Uso este tipo de carta para voltar a contatar clientes de palestras e também para fazer vendas casadas e *up-selling* ao longo da hierarquia geográfica (local, estadual e nacional) de organizações para as quais já falei.

(Todos os nomes foram modificados para proteger... Bem, você sabe!) vamos lá:

Cara Glenda,

espero que possa me ajudar. Estou tentando entrar em contato com a pessoa responsável pela seleção de palestrantes para conferências nacionais da [nome da organização] por duas razões:

1. Convidá-los para uma conversa sobre explorar nossa adequação em fazer parte, como palestrante, nos eventos do próximo ano. Apresentei uma palestra de abertura extremamente bem recebida na conferência regional da [nome da organização] no ano passado e adoraria fazer mais pela [nome da organização]. Anexei a divulgação da conferência para sua referência e o link do vídeo de boas-vindas que fiz para o grupo [link do YouTube].

2. Caso um programa de marketing de alto conteúdo e energia não seja o ideal, posso lhe recomendar vários outros palestrantes excelentes devido ao meu envolvimento ativo e aos papéis de liderança na Associação Nacional de Palestrantes.

Aguardo seu retorno e suas considerações.

David Newman

[bloco de assinatura]

Até o momento, tudo bem. E por favor, utilize este modelo de carta se for um palestrante, consultor ou executivo que usa palestras para gerar leads e receita para sua empresa.

(E sim, você é muito bem-vindo!)

Agora, é aqui que as coisas começam a ficar estúpidas.

Glenda encaminhou minha nota para o QG nacional deles. Então recebi a seguinte breve resposta do QG. Por favor, fique atento à RPI – Rejeição Por Ignorância.

Glenda encaminhou seu e-mail para mim. Trabalho com nossas conferências e eventos. Devido à estrutura definida no [QG corporativo], não temos palestrantes de marketing em nossos programas. [Nossa organização] possui sua própria divisão de marketing e fornece suporte de marketing para todos os escritórios no país; portanto, não faz parte de nosso portfólio de desenvolvimento profissional contratar esses serviços.

Para todos efeitos, ela estava me dizendo: **"Temos um departamento que faz isso."**

Isso é engraçado porque já apresentei seminários e workshops para 44 das 500 corporações globais da revista *Fortune*, e tenho plena certeza que todas elas também têm um departamento de marketing!

Segundo aquela lógica, nenhuma empresa de grande porte contrataria uma **prestadora de serviços de consultoria de vendas** por que:

Eles têm um departamento de vendas.

Nenhuma empresa de grande porte contrataria uma **empresa externa de treinamento** porque:

Eles têm um departamento de treinamento.

Nenhuma multinacional contrataria uma **empresa de recrutamento** porque (diga junto comigo agora):

Eles têm um departamento de recrutamento.

Então, o que você deveria fazer para evitar (ou se recuperar de) uma RPI?

Reconhecê-la, amá-la e abraçá-la.

Corolário: se você não consegue promover e vender para pessoas ignorantes que lhe dão desculpas estúpidas, sua carreira em vendas será muito curta.

A pegadinha é que você nunca sabe quando vai se deparar com esse tipo de estupidez em particular, portanto não recomendo fazer nada diferente antecipadamente.

Quando a **RPI** mostra sua cara feia, a melhor chance de recuperação que você tem é o que chamo de **CSI**, ou **esforços de Complementação e Suplementação Interna.**

A seguir, está um exemplo de conversa ou e-mail de resposta para "Susie Creamcheese" do QG global da Corporação Idiota acima:

Susie,

agradeço por sua breve nota. Entendo perfeitamente.

A maioria das organizações com quem trabalho também possui um robusto departamento de marketing.

Essas organizações valorizam nossos programas justamente porque eu as ajudo com estratégias, táticas e ferramentas ***que complementam e suplementam o que já fazem internamente.***

Envio, em anexo, uma breve visão geral do programa que estou propondo, juntamente com cinco cartas de testemunhos feitos por clientes de seu setor que possuem um departamento de marketing sólido e que tinham excelentes coisas a dizer sobre o resultado de um trabalho conjunto conosco.

Acha que valem 10 minutos de conversa por telefone? Avise-me qualquer que seja sua decisão e obrigado antecipadamente por sua consideração.

David Newman

[bloco de assinatura]

Engula essa, cara!

RPI encontrou CSI e fim de jogo.

Espero que tenha sido tão bom para você quanto foi para mim.

55 TORNE-SE A PEÇA FALTANTE

Alguns anos atrás, uma empresa de consultoria especializada contratou-me para ajudá-los a vender um curso de gestão de carreira para novos líderes e emergentes.

O programa era um misto de desenvolvimento pessoal e profissional para líderes com alto potencial que trabalhavam em grandes corporações. Ele era excelente mas, quando me procuraram, estavam com dificuldade de descrevê-lo sucintamente para seus clientes potenciais. Recomendei que usassem o nível seguinte de CSI e se TORNASSEM a "peça faltante" que os prospectos nem sabiam que estava faltando!

Esta tática é uma combinação de articulação clara com um tipo muito específico de representação visual. **Veja como isso pode funcionar para VOCÊ!**

Imagine que você esteja vendendo um produto, serviço ou programa especializado em que um de seus obstáculos de marketing mais comum seja que as pessoas acham que já estão fazendo algo semelhante.

Abrace essa objeção e a inclua em seu material de marketing. Veja como lidamos com isso para meu cliente de gestão de carreira. Desenvolvemos um Banco de Linguagem de Marketing que incluía as seguintes seções:

1. O problema.
2. A solução.
3. Isso serve para sua organização?
4. Como isso funciona?
5. O que você obtém?

6. Para quem isso se destina?
7. Já não estamos fazendo isso?
8. Em que este programa é diferente?
9. Visão geral dos benefícios.
10. Quais são os resultados do programa?

A chave dessa estratégia está no item 7: "Já não estamos fazendo isso?" Você precisa abordar diretamente o fato de que NÃO, eles não estão fazendo isso ou aquilo. Se estiverem, não estão fazendo com a consistência, frequência ou minúcia suficientes.

Então, é necessário embasar suas alegações com pesquisas altamente confiáveis de terceiros, estatísticas do setor, citações de especialistas ou com outras fontes que seus clientes potenciais tenham maiores chances de reconhecer e respeitar.

Combinando tudo isso, a seguir está um exemplo de uma linguagem que você pode usar como modelo:

JÁ NÃO ESTAMOS FAZENDO ISSO?

Você pode pensar que sim. No entanto, a pesquisa mostra que você provavelmente não está fazendo desenvolvimento de carreiras suficiente ou não o faz para as pessoas certas ou, ainda, da maneira certa.

Uma pesquisa do HR.com e do Institute for Corporate Productivity mostrou que **mais de 40% das organizações de todos os tamanhos não possuem um programa formal de desenvolvimento de careiras.** *Outras 24% deixam as tarefas de desenvolvimento de carreira estritamente na mão dos gerentes, mentores e* coaches *internos, geralmente, como parte do processo de análise de desempenho. Dentre as organizações pesquisadas,* **mais de 80% relataram planos para lançar ou expandir suas ofertas de desenvolvimento de carreira.**

Um foco de longo prazo em carreiras é o que distingue seus melhores profissionais - que maximizam seu investimento em RH, permanecem, prosperam e mais contribuem - dos medíocres que consomem seu tempo, esforço e lucratividade.

Este programa é um complemento ou suplemento perfeito para o desenvolvimento de lideranças e aprimoramento executivo que você já deve estar fazendo. No entanto, não é substituto para proporcionar a seus líderes com alto potencial as habilidades específicas, claras e focadas de gestão de carreira de que precisam.

Para acompanhar essa linguagem poderosa, a representação visual específica que recomendo é uma série de quatro setas, na sequência, com os produtos, serviços e processos típicos que a maioria de seus clientes já utilizam em UMA cor e **seu produto/serviço na terceira posição com uma cor contrastante.**

Uma imagem vale mais que mil palavras, então veja um exemplo:

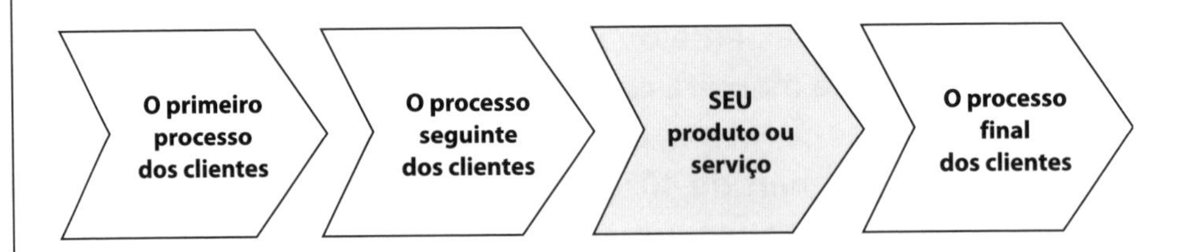

Agora sua conversa de marketing pode se concentrar naturalmente em como suas ofertas são adequadas, resolvem um problema, fecham uma lacuna, tratam de uma deficiência ou outro motivo inteligente para o cliente pensar "exatamente o que eu precisava!"

A beleza desse diagrama está em sua simplicidade. Você nem precisa mostrar em seus prospectos uma página da internet, um folheto ou uma planilha com o gráfico. Você simplesmente pega uma caneta e desenha em um guardanapo, bloco de notas ou folha de rascunho enquanto conversa com seus clientes potenciais pessoalmente.

Observação final: **não extrapole no gráfico**. Alguns clientes exageraram na criatividade (contra meu conselho) usando pirâmides, círculos concêntricos, retângulos interligados e uma variedade de outras representações sem sentido. Os empresários e profissionais que usaram meu esquema de setas consistentemente relataram o quanto foram eficientes no fechamento de vendas. E aqueles que arruinaram o gráfico continuam com dificuldade de expor seus argumentos para os compradores. **Trabalhe com as setas e elas trabalharão para você!**

56 PARE DE PERDER TEMPO COM ACOMPANHAMENTO

Confissão: leio em média cem livros sobre marketing, vendas ou desenvolvimento de negócios por ano. E, em praticamente todos, você encontra algo semelhante aos seguintes conselhos sobre acompanhamento de vendas:

- "A bonança está no acompanhamento."
- "Se você não acompanhar de cinco a sete vezes vai perder a venda."
- "Ninguém nunca, JAMAIS, compra no primeiro, segundo, terceiro contato."

❖ "A maioria das vendas é fechada após o oitavo contato, mas a maioria dos vendedores para no terceiro."

Tenho boas notícias: este conselho é **excremento de cavalo,** e provavelmente esta deixando você **desnecessariamente cansado, frustrado e deprimido.**

Também tenho más notícias: este conselho é **excremento fedido de cavalo,** que está lhe custando o tempo que teria frente a frente com os VERDADEIROS tomadores de decisão.

A seguir estão sete razões que explicam por que você está desperdiçando seu tempo com acompanhamentos:

1. **Se seu foco é exclusivamente em clientes potenciais que estão BUSCANDO ativamente** resolver um problema que você está posicionado para resolver, terá a atenção dele na primeira ou na segunda tentativa. Se não conseguir o interesse deles, então precisa melhorar seu foco e seus clientes potenciais relevantes.
2. **Você está vendendo em uma era em que todos - inclusive (e especialmente) seus clientes potenciais - andam a 200 km/h**. A vida anda muito rápido para acompanhamento. Você ou é uma prioridade imediata ou é invisível.
3. **Deixe os clientes não potenciais em paz.** Continuar "dando uma checada "quando você está na coluna dos invisíveis torna-se irritante bem rápido. Você vai prejudicar suas chances de vendas futuras se for considerado o incômodo atual.
4. **Tomadores de decisões tomam decisões.** Se você está empacado no inferno do acompanhamento, não está lidando com o verdadeiro tomador de decisões. Fazer acompanhamento com alguém que não tem autoridade para assinar cheques é como tentar ensinar um Labrador a dirigir. Pode ser divertido no começo, mas, em pouco tempo, alguém vai levar uma mordida.
5. **"O teatro do intervalo curto de atenção" comanda o dia.** Se você fizer um acompanhamento com o cliente potencial de hoje no mês que vem é grande a chance de que ele diga:

"Quem é você mesmo? Você falou sobre o quê? Quando? Sinto muito, estou atrasado para uma reunião. Adeus!"

6. **Cães Alfa COMPRAM, cães CARNEIROS ladram.** As chances são de que, não importa qual seja seu produto ou serviço, se você está vendendo para um tomador de decisão, esta pessoa tenha uma personalidade de cão alfa. Eles são os melhores no perfil DISC, e tomam decisões rápidas com um limite muito baixo de paciência para barganha, burocracia ou atrasos. Se você quer vender rápido, o VERDADEIRO comprador é seu melhor aliado para fazer isso acontecer. Ou não. Mas um acompanhamento que arrasta o processo simplesmente vai desligá-los.
7. **Se você focar incansavelmente nos clientes potenciais certos, no momento certo, pelas razões certas** vai gastar muito menos tempo convencendo os indecisos e utilizar mais tempo focando como um raio laser nos compradores que estão prontos, dispostos e ávidos para fazer negócios com você. Não é necessário acompanhamento.

DOIS EXEMPLOS RÁPIDOS

Dave – o campeão de vendas sem acompanhamento

Quando trabalhava para uma grande empresa de software empresarial, sentava em frente a um de nossos melhores vendedores internos (nos dias em que ambos ficávamos no escritório). Essas ocasiões eram de um raro prazer porque eu podia ouvir as ligações de vendas de Dave em meio às minhas reuniões e ligações. Treinamento grátis em vendas. Dave era um mestre.

Ele ligava para leads selecionados a dedo, que em sua maioria, figuravam entre os 1.000 melhores CIOs da revista *Fortune*. Sua primeira pergunta, após uma apresentação de sete segundos falando seu nome e a companhia em que trabalhava, era parecida com esta:

Não sei se no momento está avaliando opções de software empresarial, mas se estiver, posso oferecer alguns insights e recomendações em menos de 15 minutos para ajudá-lo a tomar uma decisão melhor, seja ela com nosso produto ou não. Um software de ERP está em sua pauta este ano?

Sim. Não. Ele abria conversas com cerca de 70% dos clientes potenciais.

Os outros 30% desqualificavam-se educadamente, e ele nunca ligava para eles de novo.

Se você não estava pensando em investir nesta categoria de software ANTES de Dave ligar, nada que ele lhe dissesse como acompanhamento faria você cavar o orçamento corporativo e tirar de lá um ou dois milhões extras, que era o tíquete médio de vendas dele.

Dave incluía uma observação em seu banco de dados de CRM para ligar para a empresa no ano seguinte. Às vezes, falava com o mesmo CIO. Outras vezes falava com o novo CIO porque o anterior havia remendado a instalação de ERP que compraram de outra pessoa. De qualquer forma, cada ligação anual era de qualificação: um filtro sim/não, NÃO um acompanhamento.

Colleen – a *coach* (grande empreendedora) sem carta de acompanhamento de vendas

Minha colega Colleen Bracken e eu começamos nossos negócios de palestras e *coaching* com diferença de meses, em 2001. Logo no começo, Colleen especializou-se no que chamava "*Coaching* de Grandes Empreendedores" – trabalhar com CEOs, líderes governamentais e outros figurões do mundo corporativo e não corporativo.

Trabalhamos juntos na elaboração de uma **carta de vendas não acompanhamento**. Por quê? Porque Colleen não tinha o menor interesse em caçar clientes potenciais. Ela queria deixar isso claro em seu processo de vendas, pois ela também sabia que os cães alfa para quem estava vendendo sentiam o mesmo.

Eis uma parte da carta que elaboramos:

Se você é alguém (talvez alguém sentado em sua cadeira?) que está pronto para embarcar na curta, rápida e empolgante viagem para o próximo nível de sucesso, APERTE O CINTO e me ligue [número do telefone] ou envie um e-mail [endereço de e-mail]. Você vai agendar sua **conversa de 15 minutos de *Coaching* de Grandes Empreendedores, sem risco nem obrigação.** Ficará surpreso com o que podemos fazer em um quarto de hora.

Por fim, preciso responder sua pergunta não feita: **por que você deveria trabalhar comigo?** Afinal, ambos estivemos muito bem um sem o outro até agora, certo?

1. Eu selecionei você **a dedo** como alguém com quem especificamente quero trabalhar.
2. Sou uma ***coach* profissional DE VERDADE.** Tenho certificado de profissional de *coaching*, o que significa que estudei 250 horas, tenho 1.000 horas de atuação como *coach* e sou membro da International Coach Federation (a entidade mundial representante da profissão). **Somente 275 outros *coaches* (dentre os 35 mil *coaches* no mundo inteiro)** alcançaram este padrão.
3. **Clientes com quem trabalhei têm o seguinte a dizer** sobre nosso relacionamento:

[Colleen insere três dos seus testemunhos mais poderosos de outros cães alfa, os quais o destinatário reconhece e respeita].

Invista 15 minutos comigo – sem risco, sem obrigação – e então **decida por si próprio.** O que de pior poderia acontecer? Você gasta 15 minutos conhecendo **minhas melhores ideias, perguntas e ferramentas** sobre aquilo em que está trabalhando agora, e vamos cada um para o seu lado.

Ou jogue esta carta direto no reciclável. Somente você sabe se está pronto para receber esta informação única, poderosa e pessoal, e para o sucesso estrondoso que vem com ela.

Colleen

[bloco de assinatura]

P.S.: você está trabalhando a 200 km/h e eu também. Por esta razão, não vou incomodá-lo com acompanhamentos. Os **grandes empreendedores** tomam decisões rápidas. Então imagino que receberei notícias suas **entre três a cinco dias. Depois disso, tenho certeza que não receberei notícia nenhuma.**

***P.S.2:* a escolha é sua.**

Com esta abordagem em suas cartas e seu *networking* pessoal, Colleen construiu seu negócio extremamente bem-sucedido de *coaching,* treinamento e palestras.

Moral da história? **Dane-se o acompanhamento.**

Você detesta fazer isso. E eles detestam receber isso.

Em vez disso, faça tudo o que pode para divulgar, vender e lucrar **com clientes potenciais que estarão ávidos por abrir a porta quando você bater!**

TURBINE! ESTRATÉGIA DE SUCESSO: POR QUE AS PESSOAS NÃO RETORNAM SUA LIGAÇÃO E COMO RESOLVER ISSO

Barry Moltz

Lá vem, de novo, aquela sensação de estar afundando. O cliente potencial com quem você teve algumas reuniões não retornou sua ligação ontem. Na verdade, você não teve notícias dele a semana inteira. O silêncio está deixando você desconcertado. Você trabalhou tão duro para conquistar esse cliente. Tinha certeza de que a venda estava praticamente fechada. Esta não tinha erro.

Por que as pessoas não retornam suas ligações?
Não estamos falando sobre *cold calls.* Nesse caso uma ligação retornada é um bônus. Estamos falado do retorno de ligações das pessoas que já falaram com você muitas vezes antes – telefonemas de pessoas com que você já se encontrou, já almoçou ou, inclusive, com quem já fez negócios.

Este padrão de ligações não respondidas continua a surpreender muitos de nós. Precisamos nos dar conta de que algumas semanas de ligações não retornadas significam que a resposta é "não", para qualquer coisa sobre a qual deseja falar ou que a pessoa não valoriza mais seu relacionamento. Na verdade, eu anseio que eles deixem uma mensagem pra você, no meio da noite dizendo: "Você estragou tudo. Nunca mais me ligue de novo, seu idiota." Esta mensagem eu entendo e respeito.

Por que as pessoas simplesmente não ligam ou mandam um e-mail e são objetivas? Com todos esses meios eletrônicos e maneiras cada vez mais impessoais de se comunicar, por que esta tarefa não se tornou mais fácil para as pessoas?

As três razões são:

1. **As pessoas estão muito ocupadas ou sobrecarregadas.** A pressa para executar múltiplas tarefas, infelizmente, sobrepõe-se até mesmo às cortesias humanas mais elementares.

2. **A tecnologia criou muitos pontos de contato.** Embora nossas expectativas sejam altas com todos os métodos de comunicação instantânea, gerenciar todos eles se tornou cada vez mais difícil. O empresário comum precisa checar mensagens no telefone, no e-mail e em suas contas na mídia social.

3. **As pessoas são covardes.** É preciso coragem para confrontar alguém e dizer não. A maior parte das pessoas ocupadas não quer gastar tempo lidando com isso. Acha mais fácil ignorar.

Estratégia de Liberação Rápida

Veja, a seguir, como ter sua ligação retornada e o que fazer se ela não for:

1. Faça a ligação inicial. Deixe instruções específicas sobre a ação desejada e um intervalo de tempo em que gostaria de receber um retorno do telefonema.
2. Se não houver resposta, ligue novamente em uma semana.
3. Se não houver resposta, ligue novamente em duas semanas.
4. Se não houver resposta, envie uma nota ou deixe uma mensagem de voz com o seguinte dizer:

> Caro John,
>
> Não estou tendo sucesso em contatar você e fornecer as informações que me solicitou. Isto tipicamente significa que:
>
> 1. você anda muito ocupado, mas continua interessado em falar comigo sobre como posso ajudar; ou
> 2. você não está mais interessado.
>
> Sendo um empresário, sei que entende minha posição.
>
> Quero lhe proporcionar um excelente atendimento e todas as informações de que necessita para tomar uma decisão bem informada que irá beneficiar sua empresa. O que não quero é incomodá-lo com algo em que não está mais interessado.
>
> Em vista disso, poderia me ajudar deixando-me saber em qual das duas situações nos encontramos? Isso me permitirá alocar melhor meu tempo e, ainda assim, oferecer-lhe a atenção que deseja.

Se mesmo assim não houver resposta, esqueça deles como clientes potenciais atuais, não importa quanto trabalho você teve para chegar até esse ponto. Coloque-os de volta no funil de marketing e ligue para outro cliente potencial.

Uma resposta "não", embora não ideal, é tão importante quanto uma "sim" porque permite que você foque nos clientes potenciais que continuam podendo dizer "sim".

Por que VOCÊ deveria retornar as ligações ou e-mails das pessoas com quem VOCÊ tem relacionamento? É um bom negócio. Nossas carreiras têm altos e baixos durante momentos econômicos imprevisíveis. Encontramos as mesmas pessoas no caminho para o alto e no caminho para baixo. Em outras palavras, hoje você precisa de algo de mim e amanhã vou precisar de algo de você. Se nunca retornei sua ligação quando você precisou de mim, o que você acha que vai acontecer quando os papéis estiverem invertidos? Comunicar-se de maneira respeitosa irá reunir o capital de relacionamento essencial com outras pessoas de que precisa para o sucesso de seu negócio.

Você já retornou suas ligações hoje?

Barry Moltz é um renomado especialista em empreendedorismo que já proferiu centenas de apresentações para audiências que abrangeram de 20 a 20 mil pessoas.

Barry é o autor aclamado de quatro livros de negócios. Sua primeira obra, *You need to be a little crazy: The truth about starting and growing your business,* descreve os altos e baixos, e os desafios emocionais de conduzir um negócio. Está na quinta edição e já foi traduzido para quatro idiomas. Seu segundo, *Bounce! Failure, resilience and confidence to achieve your next great success,* mostra o que é necessário para recuperar a confiança nos negócios. Em seu terceiro livro, *BAM! Delivering customer service in a self-service world,* apresenta como o atendimento ao cliente é o novo marketing. E o quarto, *Small town rules*, apresenta como uma economia conectada – onde cada cliente pode falar com outros clientes – é similar a viver em uma cidade pequena [nenhuma das obras foi traduzida para o português].

Conecte-se com Barry em www.barrymoltz.com.

57 NINGUÉM SAI DE BARRIGA VAZIA

Clientes potenciais que compram de você deveriam ganhar de presente um fabuloso banquete com sete pratos.

Mas, até aqueles que NÃO compram de você deveriam ganhar um lanchinho.

Isso mesmo: ninguém sai de barriga vazia.

Eis o que quero dizer.

Examine seu material de marketing. A pergunta-chave é: "As pessoas vão conservar seu material mesmo se não fizerem negócio com você?"

Você esta proporcionando um valor REAL?

Sua mensagem é mais sobre ELES, os problemas DELES e as soluções PARA ELES do que sobre VOCÊ e SEUS SERVIÇOS e SUAS CREDENCIAIS?

A verdade é que ninguém liga para VOCÊ. Ponto final. Tudo com que se preocupam é que ideias você tem para eles, como você pode ajudá-los a atingir as metas DELES e como sua solução torna a vida deles mais fácil, melhor ou mais lucrativa.

Todas as coisas que você envia: cartas de vendas, folhetos, *newsletters, e-zines,* kits de apresentação, **tudo deveria ser CONSERVÁVEL.**

Pergunta: como você pode ter certeza de que o material que envia NÃO será jogado fora?

Resposta: torne-o valioso, relevante, instrutivo, compartilhável e referenciável.

Eis um exemplo de um setor que você talvez considere totalmente "comoditizado": impressão digital (para empresas de impressão digital que não aceitam esta definição, acreditem elas SÃO!)

Há mais de 10 anos, conheci um vendedor, Gary, de uma empresa chamada Digital Color Graphics da Filadélfia, onde moro. Tivemos uma conversa excelente e trocamos cartões de visitas. Então ele me perguntou se poderia enviar um material por correio. Eu disse, "com certeza" e saí da reunião sem pensar mais nisso.

No dia seguinte, recebi uma *newsletter* de oito páginas em papel brilhante da Digital Color Graphics. A princípio comecei a lê-lo ao lado da lata de lixo reciclável, pensando que era mais uma brochura brilhante me dizendo que gráfica maravilhosa eles eram.

Não poderia estar mais errado.

Antes de tudo, havia uma barra lateral muito bem posicionada na capa do material com um índice do conteúdo. Existiam cerca de 10 artigos diferentes, dicas, *checklists* e ideias nesta brochura, para mim e minha empresa. Nada necessariamente sobre impressão, mas sobre marketing para pequenas empresas, vendas, desenvolvimento de negócios, atração de clientes, dicas de negociação, ideias de RP e listas de boas ferramentas on-line e off-line para expandir meu negócio.

Não me leve a mal: eu QUERIA jogar aquilo fora.

Realmente queria. Meu escritório já é abarrotado de pilhas de revistas, livros, artigos e folders. Enfrento uma infindável "Batalha contra as Pilhas", então eu, definitivamente, não queria conversar sobre mais uma brochura.

Mas tive de conservá-la. Ela era boa demais para ser jogada fora.

- Era **referenciável:** eu queria conservá-la como fonte de referência futura e para pesquisar alguns dos recursos recomendados mais a fundo.
- Era **compartilhável:** eu poderia parecer inteligente compartilhando alguns desses recursos com meu próprio círculo de clientes ou clientes potenciais ou ainda amigos e colaboradores.
- Era **instrutivo:** continha dicas originais e inteligentes, sugestões e ideias que eu não havia visto em nenhum outro lugar.

Havia a promoção da venda dos serviços de impressão. Não de fato.

Um quarto da última página falava dos serviços deles e de como teriam prazer em discutir quaisquer das ideias promocionais e de marketing contidas na *newsletter,* se você desejasse explorar como aplicá-las em seu negócio.

Pergunta: o que VOCÊ está enviando que é bom demais para seus clientes potenciais jogarem fora?

Pense em dicas, *checklists*, recursos, ações, amostras, livretos, artigos, guias como fazer etc.

AUTOAVALIAÇÃO

Você se lembra de já ter recebido algum material parecido com esse?

O QUE ele continha?
POR QUE você o conservou?
VOCÊ MOSTROU para outras pessoas?
POR QUE?
Qual foi a **REAÇÃO** delas?
Você quis **ROUBAR A IDEIA** e adaptá-la para seu negócio?
VOCÊ FEZ?(E se não fez, agora é hora de FAZER!)

Quanto mais valor você proporciona a seu marketing, mais está reforçando a ideia "Uau! Esta pessoa está compartilhando essa informação excelente com TODO MUNDO. Imagine o que receberíamos se nos tornássemos seus CLIENTES!"

No outro lado da equação, recomendo também que você continue a entregar toneladas de valor para seus clientes – **mesmo depois de eles terem parado de pagar para você.**

Isso mesmo: seja conhecido como alguém que entrega excelente valor ANTES da venda, DURANTE o relacionamento e muito DEPOIS de seus clientes terem parado de pagar. Seu trabalho é criar um BANQUETE 24/7 (aberto 24 horas por dia, sete dias por semana) para clientes potenciais, clientes atuais e ex-clientes também!

Veja um testemunho que uso o tempo todo para reforçar a ideia de banquete:

> *"David Newman deve ser o cara mais trabalhador que existe em vendas e marketing. Mesmo depois de termos terminado nosso trabalho juntos, recebíamos e-mails de David sobre outra ideia que tinha para nós. Ele supera de longe qualquer curso que já fiz, qualquer vídeo ou livro que já li. Você não conseguirá contratar uma pessoa melhor para sua empresa que David Newman."*
>
> *Mary Broussard, CEO, The Barter Connection*

O que você anda fazendo para gerar testemunhos como este?

Mantenha seus clientes bem alimentados com ideias valiosas antes, durante **e** depois da venda, e estará no caminho certo!

PARTE DEZ

O DNA DO SEU NEGÓCIO

58 *BRANDING* É BESTEIRA

"O branding *é tudo – e isso quer dizer tudo mesmo.*"
— Scott Bedbury

"O branding *está superestimado.*"
— Regis McKenna

Concordo com Regis McKenna.

Há tanto sendo espalhado no ar sobre *branding* por todos os tipos de pessoa: do brilhante (Tom Peters e seu "Brand you!") ao absurdo (centenas dos denominados *"coaches* de *branding"* que agarraram o *branding* como palavra da moda e se recusam a soltá-lo).

"*Branding* para pequenas empresas" geralmente é um código para muita besteira alardeada por consultores de marketing e agências de publicidade que estão mais interessadas no que você tem em sua carteira do que naquilo que vai fazer sua empresa crescer e seu telefone tocar.

Vou definir **marca** de maneira muito clara e simples.

Uma marca é uma promessa de experiência. Ponto final.

Você entra em um McDonald's para almoçar em vez de no Hotel Ritz-Carlton porque é o tipo de almoço que quer naquele dia. Você provavelmente ficaria confuso, e bastante chateado, se encontrasse garçons e mesas com toalhas de linho naquele McDonald's e se a conta da sua refeição fosse de 250 reais.

Então, para acabar com muito do misticismo em torno da construção de marca – especialmente para empresários e empreendedores como você – vamos chamá-la de promessa.

- Quem pode fazer uma promessa? Qualquer um.
- Quanto custa fazer uma promessa? Geralmente nada.
- Você pode fazer uma promessa para alguém do outro lado do corredor? Com certeza.

- Do outro lado do país? Pode apostar.
- Você pode fazer promessas para pessoas de sua localidade? Claro.
- Você precisa ser totalmente claro sobre o que tal promessa significa antes de tentar comunicá-la para os outros? Sim, isso seria inteligente.
- Se perguntassem a eles, seus principais executivos saberiam dizer qual é sua promessa ou o que significa? As respostas seriam consistentes?

Marca significa algumas coisas simples:

- Marca é comunicação.
- Marca é consistência.
- Marca é integridade.
- Marca é o reconhecimento contínuo por um trabalho consistentemente bem feito.

Reunir essas ideias empresariais perenes em uma palavra de cinco letras não as muda.

59 SEU NOME REPRESENTA TUDO O QUE VOCÊ FAZ

Muitos anos atrás, uma cliente lançou um novo empreendimento de serviços profissionais. Ela identificou **Liderança Responsável** como sua expertise e diferencial no mercado, e queria dar o nome "Liderança Responsável Inc." a sua empresa e construí-la sob o domínio que já possuía: www.liderancaresponsável.com.[1]

Ela me perguntou o que eu achava daquele nome. Eu disse: **"Precisamos ter cuidado."**

O nome **não** será algo isolado. Vai se tornar sua metodologia, sua abordagem, sua marca e a **linha de pensamento que conecta todas as suas ofertas.**

Portanto, certifique-se de que você também ama tudo relacionado abaixo. Vá em frente e **conecte SUA marca ou SUAS palavras ao** que articulam sua excepcionalidade:

- Avaliação de Liderança Responsável.
- Reciclagem de Liderança Responsável.
- Pesquisa de Liderança Responsável.
- Seminário de Liderança Responsável.
- Treinamento de Liderança Responsável.
- *Coaching* em Liderança Responsável.
- QI em Liderança Responsável.
- Conferência sobre Liderança Responsável.
- Notícias sobre Liderança Responsável.
- Blog sobre Liderança Responsável.
- *E-zine* de Liderança Responsável.
- Convenção de Liderança Responsável.
- Ferramentas de Liderança Responsável.
- Certificação em Liderança Responsável.
- Liderança Responsável – o livro.
- Liderança Responsável – a palestra.
- Liderança Responsável – tema de aula em curso de mestrado.
- Liderança Responsável – *podcast*.
- Liderança Responsável – especial em rede de TV.

[1] Contra meus conselhos, mas por boas razões para ela, minha cliente decidiu tomar um rumo diferente com o nome de sua empresa, e o domínio pertence atualmente a um programa de liderança da Queen's School of Business da Universidade de Queen, em Ontário, Canadá.

- Liderança Responsável – série de vídeos.
- Liderança Responsável – curso para *e-learning.*
- Liderança Responsável – curso de seis meses de desenvolvimento de liderança.
- ... E assim por diante!

Portanto, escolher um nome para sua empresa não é uma brincadeira. E não estou dizendo isso simplesmente porque sou palestrante e *coach* de marketing, e faço este trabalho o dia inteiro para ganhar a vida! É uma decisão realmente IMPORTANTE e abrangente.

Você quer que tudo esteja alinhado com sua marca para ter um sistema de marketing autossustentável onde todas as peças se encaixam – ou no jargão de vendas, para que você tenha plenas oportunidades de venda casada, *up-selling* e polinização cruzada.

Você quer ser dono da Plataforma de Liderança em Pensamento que envolve seu nome e suas ofertas.

Pergunta: como o império do nome da sua empresa está estruturado?

60 BMW A UM REAL ACIMA DO PREÇO DE FÁBRICA!

Em uma cena da animação *Os Simpsons,* Homer vai jogar softbol com astros de uma liga importante do beisebol que foram recrutados para participar do time de sua empresa. Homer está sentado no vestiário ao lado do grande Darryl Strawberry, do New York Yankees, e pergunta: "Ei, você joga beisebol melhor do que eu?"

Strawberry para por um momento, olha para Homer e responde: "Não sei quem você é... Mas sim."

Da mesma forma: "Não sei quem você é... Mas seus preços são muito baixos."

E, provavelmente, você está cobrando por seu tempo, não por seu VALOR. Este é outro grande erro das grandes ligas.

Mas, vamos falar um pouco sobre preços altos. **Pense sobre qualquer produto ou serviço conhecido pelo alto preço:** um perfume Chanel n. 5, uma BMW ou um Rolex de 50 mil reais.

Que associações você faz com os provedores de um produto ou serviço de alto preço? Se você for como a maioria das pessoas que participa de meus seminários e workshops, sua resposta inclui:

- Eles devem ser... **Confiáveis.**
- Eles devem ser... **Sofisticados.**
- Eles devem ser... **De qualidade.**
- Eles devem ser... **De valia.**
- Eles devem ser... **Prestigiados.**
- Eles devem ser... **Respeitados.**
- Eles devem ser... **Exclusivos.**

Agora, que associações você faz com os provedores desses mesmos produtos ou serviços de preço baixo?

- Eles devem ser... **Inconsistentes.**
- Eles devem ser... **Simples.**
- Eles devem ser... **De baixa qualidade.**
- Eles devem ser... **Não confiáveis.**
- Eles devem ser... **De pouca valia.**
- Eles devem ser... **Arriscados.**

Um pensamento final: alguma vez você já viu um revendedor de BMWs anunciar com aqueles comerciais estridentes: "Venha nos ver!

Temos carros a um real acima do preço de fábrica!" Claro que não. Isso não é o que eles são, não é como querem ser percebidos.

E o mesmo se aplica a você. Refine-se. Você terá clientes melhores e mais lucrativos, com menor resistência ao preço e mais vendas.

Não tenha medo de criar valor REAL, e não se envergonhe de ser **bem pago** por isso.

61 VOCÊ ESTÁ COMPETINDO COM IDIOTAS

Eis o problema para você:

- Você tem integridade.
- Você tem inteligência.
- Você tem padrões.
- Você tem ética.
- Você tem escrúpulos.
- Você é detalhista.

- Você tem um desejo inato de oferecer apenas seu melhor trabalho.

Então, por que você está competindo com idiotas que:

- Cobram mais (bem mais em alguns casos).
- Entregam menos (bem menos na MAIORIA dos casos).
- Atiram mais rápido.
- Atiram com mais frequência.
- Gabam-se e ostentam com nada mais que mentiras.
- Prometem exageradamente e empacotam suas ofertas com mais apelos.
- Entregam menos do que prometeram, mas são brilhantes em evasivas e engodos.
- Driblam o sistema para ganhar prêmios insignificantes e críticas infladas, e continuam a enganar o mundo de que são melhores que você.

A verdade: eles não são melhores que você. Nem por um segundo.

Mas, o problema é que percepção é realidade. **Repetindo: percepção é realidade**.

- Você está lutando na guerra errada.
- Você está tentando vencer o jogo errado.
- Você é quem o Google diz que é.
- Seus clientes veem o que suas recomendações no LinkedIn dizem para eles procurarem.

Você está combatendo uma guerra de duas frentes:

1. Gerenciar as **percepções** sobre você e sua empresa.
2. Gerenciar sua **realidade** e a de sua empresa.

Os falsos são melhores em falsificar. Então, é bom você ser melhor em entregar de verdade. A cada minuto de cada dia.

Se percepção é a realidade, então, quanto antes você se dedicar a mudar a percepção sobre você, mais rápido seus clientes potenciais e clientes atuais valorizarão sua realidade.

Caia na real!

TURBINE! ESTRATÉGIA DE SUCESSO: COMO SISTEMAS CRM PODEM CORTAR SUAS DESPESAS E "MANTER SEU BACON"

Gene Marks

Como contador certificado, aprendi muito sobre reduzir custos nos últimos 15 anos. Às vezes, inclusive de um lugar improvável. Como em sistemas de gestão de relacionamento com o cliente (CRM). Esta tecnologia pode ajudar você a reduzir custos. De verdade.

Como isso é feito? A seguir, estão algumas coisas que aprendi.

Você pode economizar tempo criando fluxos de trabalho.

Meu carpinteiro, usuário de CRM de longa data, ensinou-me algo sobre como utiliza este sistema para economizar tempo. Quando ele recebe um novo trabalho, ao menos 20 tarefas precisam ser realizadas, incluindo encomendar materiais, enviar notas de agradecimento e agendar caminhões. Ele me pediu para ajudá-lo a configurar fluxogramas em seu CRM para que, com apenas um clique, todas essas tarefas fossem realizadas, juntamente com a exibição de lembretes e alertas para assegurar que nada fosse esquecido.

E funcionou! Então, se você está gastando muito tempo fazendo tarefas repetitivas, pode descobrir que automatizá-las em um sistema CRM reduzirá horas de trabalho e aumentará sua produtividade.

Se você sabe de antemão que alguma coisa vai acontecer, pode se preparar.

Você já trabalhou com um cliente que acha que é mais esperto que todo mundo? Aquele que toma o tempo de todos, mas não paga as contas? Qual é o segredo para lidar com ele? É fazer com que todos saibam, de antemão, que tipo de pessoa ele é, e cortar o mal pela raiz.

Conheço alguns empresários inteligentes que usam seu sistema de CRM para ajudá-los a lidar com esses espertalhões. Eles definem alertas e circulam relatórios para que, se alguém como esse tipo de cliente ligar, todos saibam imediatamente o que fazer. Os consumidores podem ser identificados com antecedência e, como Tony Soprano diria, "tratados". Lembre-se: são negócios, apenas negócios.

Quanto mais seu site na internet fala, mais seu banco de dados escuta.

Um cara que conheço tenta angariar clientes para sua corretora de seguros promovendo seminários. Normalmente, o que ele consegue são grupos de aposentados em busca de uma boca livre. No passado, as pessoas ligavam para seu escritório para se inscreverem, e a recepcionista preenchia os formulários, enviava o material de confirmação e depois lembretes. Tente fazer isso para uma centena de pessoas por mês. Tente alimentar essa mesma quantidade de pessoas com frango assado. Nada legal.

Mas, atualmente, muitos usam a internet. Então, John configurou seu sistema de CRM para importar esse recurso de seu site. Agora, aqueles que querem participar de seus seminários entram em sua página na web e preenchem um formulário e os dados são enviados para seu sistema de CRM automaticamente. Usando fluxogramas, o sistema cria um registro e envia automaticamente a inscrição e e-mails de lembrete, assim como resultados de pesquisas e ações de acompanhamento para os vendedores.

Isso não só economizou tempo administrativo, mas melhorou o tempo de resposta também. Os seminários, agora, são mais baratos de produzir. O tempo do ciclo de vendas também é menor, o que significa que os vendedores podem trabalhar com mais pessoas na mesma quantidade de tempo. O frango continua bastante seco, no entanto.

Por fim, parecer estúpido custa dinheiro.

Minha esposa é inglesa, e vai frequentemente para a Inglaterra para visitar a família. Todas as vezes, ela pegou o mesmo voo em nosso aeroporto local – durante 20 anos! As pessoas lá a reconheciam? Não. Ofereciam uma Coca-Cola grátis? Não. Cumprimentavam-na calorosamente? Não. Agora ela procura outras companhias aéreas onde possa ser tratada melhor. Aquela companhia a perdeu como cliente em várias ocasiões.

Com um bom sistema de CRM, sua empresa não precisa ser assim. Contanto que todas as pessoas do escritório mantenham as coisas atualizadas, sempre que um cliente ligar, qualquer um que atender o telefone pode agir como um melhor amigo. "Olá Sr. Kline. Como vão os Dodgers? E seu filho... Max... já saiu da prisão? Já? Que ótimo. Vejo aqui que a Maria falou com o senhor, alguns dias atrás, sobre uma dúvida sua. Posso lhe ajudar em alguma coisa?"

Sistemas de CRM bons ajudam você a evitar parecer um bobo na frente de seus clientes. Isso economiza o custo de perder um bom cliente ou dois...

Sistemas de CRM bons não servem apenas para aumentar vendas. Aprendi que eles podem reduzir custos e "manter seu bacon" também.

Gene Marks foi gerente sênior da KPMG e, desde 1994, dono da The Marks Group, P.C., uma consultoria de CRM altamente bem-sucedida com dez funcionários e sede na Filadélfia. Por meio de suas palestras, workshops, seminários e retiros, Gene ajuda empresários, executivos e gerentes a entenderem as tendências políticas, econômicas e tecnológicas que afetarão suas empresas para que possam tomar decisões lucrativas.

Gene escreveu cinco livros sobre gestão empresarial; mais recentemente *In godwetrust, everyone else pays cash: Simple lessons from smart business people* [ainda não publicado em português]. Suas colunas on-line para publicações como *Forbes, The Huffington Post, BusinessWeek, The New York Times* e *Philadelphia Magazine* são lidas por milhares de empresários a cada semana. Conecte-se com Gene em www.marksgroup.net.

62 DIVERSIFIQUE ENQUANTO SE ESPECIALIZA

Como uma estratégia de negócios proativa e uma forma inteligente de seguro de marketing, esta ideia é poderosa e repleta de possibilidades interessantes para você e sua empresa.

Nunca coloque todos os ovos na mesma cesta; em vez disso, tenha várias cestas separadas em sua empresa.

Você não deve ceder à tentação de vender tudo para todo mundo. Desenvolva duas ofertas ou divisões ou marcas paralelas que usam sua expertise singular, mas que atraem populações, setores, necessidades, públicos diferentes. Mas não estou falando sobre um consultor de gestão que paralelamente também vende imóveis!

Está com medo de escavar um nicho que é muito estreito? Ouça, existe um lugar na cidade de Nova York que vende apenas arroz doce, chamado Rice to Riches. Isso é se especializar.

Como eles diversificam? Eles ganham dinheiro quando você come na loja deles, quando você compra o arroz doce deles no mundo inteiro fazendo pedidos pelo site da loja e criando franquias do conceito.

Outra forma de colocar isso é o que Al Ries e Jack Trout chamam (no livro deles *Marketing warfare*) "Princípio 3: Ataque da maneira mais minuciosa possível."

Seja minucioso e vá fundo!

TURBINE! SEU PLANO DE AÇÃO É DIVERSIFICAR E, AINDA ASSIM, ESPECIALIZAR

O que você faz atualmente?
Para quem você faz isso?
Como faz isso?
Onde faz isso?
O que mais poderia fazer?
Para quem mais?
De que outra forma poderia fazer isso?
Onde mais?
Qual seria uma ideia louca para especializar nosso negócio atual?
Qual seria uma ideia louca para diversificar nosso negócio atual?
Qual das ideias seria louca o bastante para ser desenvolvida?
Estratégia alternativa: desenvolva uma segunda oferta/divisão/marca paralela que use sua expertise singular, mas atraia diferentes:
Setores...
Necessidades...
Públicos...
Nichos...
Níveis de preço...

TURBINE! ESTRATÉGIA DE SUCESSO: 11 MANEIRAS DE TER UM NICHO PRÓPRIO

Stephanie Chandler

Como empresário, empreendedor ou profissional autônomo, você tem a rara oportunidade de estabelecer autoridade em seu campo de atuação, o que facilita se destacar entre os competidores.

O ideal seria você ter uma estratégia de marketing multifacetada que incluísse o compartilhamento de conteúdo de qualidade entre múltiplas redes on-line.

A seguir estão algumas maneiras para começar a construir seu público, promover sua marca e reivindicar a propriedade de seu nicho.

1. **Construa um site que demonstre autoridade:** sua página na web deve impressionar os visitantes, posicionar você como uma autoridade em seu campo e ser o mais profissional possível. Se qualquer um destes elementos estiver faltando, é hora de redesenhar.

2. **Crie um blog viral:** se puder fazer apenas uma coisa para divulgar seu negócio on-line, crie um excelente blog. O blog está no âmago de tudo o que você faz para se estabelecer como uma autoridade em seu campo. É onde você pode se comunicar com leitores e gerar mais tráfego na internet. Atualize seu blog várias vezes por semana, e compartilhe cada postagem nova com suas outras redes de mídia social.

3. **Torne-se um palestrante:** quando você é o especialista na frente da sala, as pessoas prestam atenção. Impressione-as e elas irão querer comprar seus produtos e serviços.

4. **Escreva um livro:** tornar-se um autor é virar o jogo. Um livro é o cartão de visitas (ou brochura) mais impressionante que você pode ter. Vai lhe abrir portas – garantido.

5. **Sobressaia:** se você quer se destacar de seus competidores, seja autêntico, não um clone de qualquer outro. Seguir modelos e fórmulas comprovados levará você apenas até aí. Se realmente quer se sobressair, seja quem é e defenda o que acredita.

6. **Combine suas mídias:** vídeos recebem muita ação nas pesquisas do Google, e o YouTube é um dos sites mais pesquisados no mundo. Vídeos tutoriais são uma maneira excelente de clientes potenciais encontrarem você.

7. **Desenvolva produtos de informação:** mais do que nunca, vivemos em uma sociedade que consome informação, então crie

relatórios, escreva artigos, manuais e e-books e distribua-os deliberadamente. Isso mesmo. Distribua gratuitamente. Você obterá resultados muito mais compensadores que o valor monetário deles.

8. **Faça algo inesperado:** a internet está repleta de coisas que já foram feitas em seu setor, então busque ideias inovadoras. Você poderia promover uma conferência virtual? Um concurso com prêmios espetaculares? Um bate-papo semanal de perguntas e respostas?

9. **Reserve um tempo para criatividade:** é preciso ideias para construir um negócio, e se você está trabalhando tão duro que raramente sobra tempo para tomar um ar ou um momento para pensar, está matando suas melhores ideias. Reserve um tempo para a criatividade durante a semana, para realizar um brainstorming. Isso significa sair para dar uma volta, ir a um café para espairecer ou se trancar em uma sala de conferências durante uma tarde inteira. O que quer que funcione para você, contanto que torne isso uma prioridade.

10. **Lidere alguma coisa:** você pode participar de grupos de *networking* o dia inteiro, mas quando lidera um grupo, "a terra se mexe debaixo de seus pés". Crie um grupo on-line via LinkedIn, no Facebook ou forme um grupo local em seu próprio quintal.

11. **Agite seu nicho:** você pode não ser a única pessoa em seu nicho, mas poderá ser o melhor no que faz de uma forma única. Mas, você não consegue isso se não estiver no topo das tendências do setor: experimentando, implementando e tentando coisas novas. Saia e aprenda o máximo que pode e então ensine aos outros tudo o que sabe, e quando digo "tudo" é **tudo.** Forneça seu melhor material. Embora alguns irão tentar fazer por conta própria, muitos voltarão para aprender mais e comprar o que quer que você esteja vendendo. Ofereça informações a eles e você construirá um público extremamente fiel.

Stephanie Chandler é autora de vários livros, incluindo *Own your niche: Hyoe-free internet marketing tatics to establish authority in your field and promote your service-*

-*based business* [ainda não publicado em português]. Ela também é CEO da http://authoritypublishing.com, especializada na publicação customizada e em serviços de marketing em mídia social, e http://BusinessInfoGuide.com, um diretório de recursos para empreendedores.

Palestrante frequente em eventos empresariais e no rádio, ela foi citada em publicações como *Entrepreneur, Businessweek* e *Wired,* e é blogueira na *Forbes.*

63 FOQUE EM ESTRATÉGIA NÃO EM TÁTICA

Como *coach* em marketing para pequenas empresas, observei que empresários **estratégicos** tendem a ser altamente focados.

E empresários extremamente **táticos** tendem a ser dispersos.

Se você quer um negócio de sucesso, lucrativo e duradouro, a chave é casar um pequeno número de estratégias altamente focadas com uma variedade de táticas de marketing, operacionais e de venda estreitamente alinhadas.

A seguir, estão sete chaves para você começar. Use os espaços para responder algumas dessas perguntas e para refletir sobre o que para você é um bom conselho.

1. Táticas são fáceis e é tentador confundir executar uma tática com levar seu negócio adiante. **Você está se sentindo perdido em um emaranhado de táticas?**

2. Estratégia é POR QUE e táticas são COMO. Se você parar de focar em seu POR QUE, mesmo que por pouco tempo, cairá na armadilha de se tornar realmente bom em criar e vender projetos/serviços que não deseja fazer. **Como você está caindo na armadilha do sucesso sem estratégia?**
3. Parece agradável executar táticas e parece desgastante criar estratégias. Isso acontece porque você precisa enfrentar o problema tempo/espaço. Você não pode executar tudo o que deseja de uma vez e provavelmente não deve nem tentar. **Como você tem subconscientemente se deixado sobrecarregar com pouca estratégia e muita tática?**
4. Táticas acumulam-se e sempre há mais a fazer. Estratégia é um fator limitante. A estratégia mostra o que você NÃO deveria estar construindo, vendendo e oferecendo. Ela funciona como um filtro para sua empresa. Sem estratégia, toda tática parece razoável. **Como você vem se enterrando em táticas enquanto necessita, urgentemente, de se alimentar com estratégias?**
5. Empresários e empreendedores AMAM conversar sobre táticas. O que funcionou? O que não funcionou? O que vem a seguir? Eles raramente falam sobre estratégia ou sobre coisas que querem parar de fazer. **Que perguntas você poderia fazer a seus colegas para descobrir o que eles reduziram ou eliminaram para ajudá-los a aumentar o foco em estratégia?**
6. "Estamos muito ocupados para estratégia." Mesmo? Que tal dar uma escapadinha até um café com seu computador, bloco de notas e alguns marcadores coloridos para fazer uma reunião de estratégia consigo? Em menos de duas horas você pode fazer uma limpeza de dados, analisar um projeto, avaliar clientes e praticar um exercício sobre o modelo de negócios ideal. Você também pode criar várias listas como: "atividades pouco compensadoras que consomem muito do meu tempo" e "atividades altamente compensadoras para as quais preciso criar mais tempo". Leve suas anotações de volta para o escritório, faça um resumo, classifique e comece a colocá-las em

prática. **Quando foi a última vez que você fez uma reunião de estratégia com você mesmo?**

7. E-mail não é estratégia. E-mail não é tática. E e-mail não é uma atividade altamente compensadora. Sim, você pode receber por dia alguns e-mails importantes de clientes ou de serviços ao cliente ou um punhado de leads. Por outro lado, e-mails são uma distração fatal. Então pare. Coloque uma advertência em sua mesa que possa ver do computador, "E-MAIL NÃO É MEU TRABALHO". **Como os e-mails vêm roubando seu foco ultimamente?**

64 O PLANEJAMENTO SEMPRE TRIUNFA SOBRE A PAIXÃO

Paixão não é suficiente.

Este é um antigo mito no estilo *Fast Company:* a paixão é o combustível da inovação, dos negócios e do sucesso.

Não. Não é. A paixão é necessária, mas não é suficiente.

Deixe-me repetir isso: **a paixão é necessária, mas não é suficiente.** Considere a seguinte premissa: não importa quanta paixão você tenha, sua grande ideia fracassará. E então?

As pessoas cuja atitude é "o fracasso não é uma opção" têm um índice de fracasso 49% maior que as pessoas com uma visão mais realista. (Acabei de inventar esta estatística. Você gostou? A pesquisa mostra que 81% das estatísticas são inventadas na hora!)

Quando as pessoas consideram o fracasso, desenvolvem um plano B realmente forte e um plano C e planos D, E e F.

Você terá muitas grandes ideias. E espero que COLOQUE muitas delas em prática. Mas, eu estaria mentindo se dissesse que terá sucesso em qualquer uma delas somente com paixão. Isso é bobagem. A seguir, está algum espaço para você fazer planos para seu próximo glorioso fracasso..

Planilha de Planejamento para o Fracasso

O plano A era:

____

____

O plano B é:

____

____

O plano C será:

____

____

O plano D será:

____

____

Se eu precisar de um plano E, ele pode ser:

____

____

Se tudo o mais falhar, o plano F é:

____

____

Quanto mais você **considerar a possibilidade, prever um fracasso e pensar sobre o futuro depois dele,** maiores serão suas chances de atingir o sucesso. Lembra-se do *Titanic*? Era totalmente à prova de naufrágios. Eles não se planejaram para um fracasso. Então fracassaram.

PARTE ONZE

ESTRATÉGIAS DE SUCESSO PESSOAL

65 CONFIANÇA É SEXY

"Tal como é sua confiança, assim é sua capacidade."
— William Hazlitt

"A confiança prospera com base na honestidade, na honra, na sacralidade das obrigações e na atuação altruísta. Sem elas não pode sobreviver."
— Franklin D. Roosevelt

PRINCÍPIOS DA CONFIANÇA

- Em que você tem excelência?
- Como você aprendeu isso?
- Quanto tempo levou para ganhar excelência nisso?
- Como foi o processo de aprendizado?
- Quem lhe ajudou ao longo do caminho?
- Como você se sente em relação a essa pessoa?
- Como você pode passar adiante essa competência ou habilidade?
- Você já fez isso? Por que sim ou por que não?
- Você gostaria? E quem vem a sua mente?
- Como você pode aprimorar, ainda mais, essa competência?
- Você fará isso? Por que sim ou por que não?
- O que essa competência ou habilidade lhe proporciona?
- Em que mais você poderia ter excelência?
- O que você poderia começar a fazer hoje (por diversão) que talvez se tornasse a próxima coisa na qual tem excelência?
- Quais perguntas vêm a sua mente quando você pensa em ser excelente em alguma coisa?
- Como você respondeu a essas perguntas para a competência em que já tem excelência?
- Seus questionamentos mudaram ao longo do tempo?

- Qual é sua definição de excelência?
- Confiança, às vezes, significa focar no seu jogo, não no julgamento de pessoas de fora?
- Como julgamentos e críticas podem ajudar você?
- Como podem prejudicar?
- As pessoas de fora têm importância?

66 "CHARME" NÃO É UMA PALAVRA DE QUATRO LETRAS

"Você sabe o que é charme: é uma maneira de obter a resposta 'sim' sem ter feito nenhuma pergunta explícita."
— Albert Camus

Muitos profissionais autônomos e empresários sentem-se indignados com a noção de que o charme é uma ferramenta empresarial importante.

Muito desta indignação vem do conceito errôneo de que algumas pessoas simplesmente nascem com charme, enquanto outras não, e que não é possível fazer muito quanto a isso se você faz parte do segundo grupo.

Isso simplesmente não é verdade.

Outro conceito errado é de que, para aqueles nos quais o charme não é inato, esforçar-se para ser mais charmoso ou mais atraente iria requerer que fossem falsos ou, na melhor das hipóteses, perderem sua autenticidade. Falso novamente.

Vários livros – sendo o melhor, em minha opinião, *How to connect in business in 90 seconds or less,* de Nicholas Boothman [ainda não publicado em português] – oferecem ferramentas excelentes para se estabelecer conexões genuínas com pessoas e construir seu conjunto pessoal de competências de charme, que se aplica a praticamente todas as situações de negócios ou sociais.

Vamos encarar os fatos: no marketing e nas vendas, as pessoas estão comprando VOCÊ antes de qualquer coisa que tenha para vender, dizer ou fazer.

Pergunta: se eu pudesse impulsionar 50% do seu charme OU da sua inteligência, qual você escolheria?

Por que?

O mundo dos negócios precisa de mais pessoas inteligentes ou mais pessoas charmosas?

Já não "entramos em frias" com pessoas sendo (ou pensando que fossem) muito inteligentes em empresas como a Enron, WorldCom, Tyco, AIG, Lehman Brothers e outras parecidas?

Dica: o charme, assim como a inteligência ou qualquer outro atributo de personalidade, pode ser usado para o bem e para o mal. Só depende de você.

A seguir, estão três ideias para ajudá-lo a incrementar seu charme, atratividade e poder de conexão, tiradas do livro de Nicholas Boothman:

TURBINE! ESCOLA DE CHARME

1. **Olhe as pessoas nos olhos e sorria**. Contato visual gera confiança. Sorrir faz você parecer feliz e confiante.
2. **Adapte-se, torne-se um camaleão.** Geralmente nos sentimos confortáveis com pessoas que são como nós. Espelhe a linguagem corporal, o tom de voz e o ritmo dos outros.
3. **Capture a imaginação.** Use uma linguagem e imagens com forte apelo sensorial para que os outros possam ver, ouvir, sentir e, às vezes, até cheirar e degustar o que você está transmitindo.

Agora vá jogar seu charme em alguém!

67 LOBOS SOLITÁRIOS MORREM DE INANIÇÃO

Você precisa de aliados. Você precisa de parceiros. Você precisa de pessoas dispostas e capazes de apoiar seu sucesso assim como você apoia o delas.

Pense em uma alcateia. Pesquisadores na Estônia descobriram que quando os lobos não viviam, viajavam ou caçavam reunidos (porque muitos líderes dos seus grupos estavam sendo mortos por caçadores), enfrentavam muitas dificuldades.

O pesquisador de lobos Enn Vilbaste diz: "Os solitários são os em piores condições – eles não têm o suporte da alcateia para caçar presas selvagens. Então se aproximam de áreas habitadas por seres humanos para matar cachorros e outros animais domésticos."

Juntos – com o apoio de outros membros do grupo – os lobos conseguem capturar presas de porte maior.

Quando sozinhos vão atrás de animais domésticos pequenos e por isso muitos morrem de fome. Eles sempre **se saem muito melhor em conjunto!**

Pergunta: como você colabora?

- Que abordagens usa?
- Como consegue formar alianças valiosas?
- Qual é o papel da comunicação?
- O que lhe impede de colaborar?
- O que acontece quando permite que aliados se aproximem mais do que permitia no passado?

Dicas para você dar o pontapé inicial em seu pensamento:

- Procure pessoas que já fizeram parcerias no passado e peça que contem a você as histórias delas.
- Recorde-se de quando foi um aliado útil e relembre que você pode fazer isso.
- Leia livros e artigos sobre pessoas que criaram parcerias: Ben e Jerry, George e Gracie, Rogers e Hammerstein, Abbot e Costelo.
- Recorde-se de uma situação na qual fez algo em parceria que achava que nunca poderia fazer sozinho.
- Pense em uma situação na qual pôs muita confiança em uma pessoa para ajudá-lo, e ela ajudou!
- Preste atenção sempre que alguém pedir sua ajuda discretamente.
- Preste atenção na frequência com que você trabalha naturalmente em duplas, trios, quartetos para realizar uma tarefa (mover móveis, pendurar um quadro, remar uma canoa).

68 VIVA SEGUNDO SEU CALENDÁRIO, NÃO SEU E-MAIL

Você já teve um dia que rendeu muito, que se sentiu altamente produtivo não só em seu marketing, vendas e tarefas de desenvolvimento do negócio, mas em todos os aspectos de sua vida?

Quer mais desses dias?

Claro que quer! Quando tiver terminado de ler este capítulo, você saberá o segredo de como **criar seu próprio impulso produtivo**

altamente compensador sempre que quiser. Mas, é preciso mais que apenas desejar, é necessário determinação e ação.

Dica: é simples, mas não é fácil.

O que fez aquele dia ser tão produtivo? Imagine ter um dia em que:

- Você consegue terminar coisas **IMPORTANTES**.
- Você está mais **FOCADO**.
- Você se **SENTE** melhor sobre o que realizou.
- E você **REALIZA** mais daquilo que importa para você e seu negócio.

Na verdade, é muito possível que você tenha feito mais nessa data de alta produtividade do que nos outros quatro dias daquela semana somados!

A chave: determine quais são as atividades que VERDADEIRAMENTE trazem retorno. Em seguida, inclua essas atividades em horários específicos de seu calendário. A tela que deve estar debaixo de seu nariz todos os dias é a de seu CALENDÁRIO, não a da CAIXA DE ENTRADA de seu e-mail.

DICAS RÁPIDAS

1. Planeje seu dia: o que DEVE ser feito e QUANDO?
2. Divida seu dia em blocos e atribua tarefas específicas a cada bloco: telefonemas, e-mails, tarefas de clientes... Qualquer coisa que VOCÊ queira fazer para chegar cada vez mais perto de suas METAS.
3. Mantenha esse calendário próximo a você. O dia inteiro. Faça dele sua tela inicial. Oculte, minimize ou (pasme) feche seu e-mail até que a mensagem "Cheque o e-mail" surja em seu calendário.
4. Crie uma observação CONCLUINDO nas suas principais atividades. Assinale esses afazeres em sua lista de tarefas ou mude a cor deles em seu calendário para ter um mapa visual das atividades a serem concluídas no dia.

E daí? O que fiz no meu dia altamente produtivo?

1. Fiz uma ligação de *coaching* para meus clientes incríveis no Canadá.
2. Respondi uma mensagem do LinkedIn de um novo cliente potencial.[2]
3. Fiz follow-up com CINCO clientes potenciais enviando um artigo valioso sobre recomendações.
4. Escrevi esta seção do livro.
5. Contatei um cliente sobre um próximo seminário *Turbine seu marketing já*.
6. Conversei com um editor de uma publicação financeira sobre fazer um *podcast* e dar palestras em várias das conferências deles.
7. Tratei de alguns assuntos de faturamento que venho deixando de lado há duas semanas. (Odeio esse assunto, portanto mantenho meu tesoureiro e contador lucrativamente ocupados!)
8. Fiz uma ligação importante de prospecção (a única coisa que gosto menos que contabilidade é usar o telefone).
9. Contatei meu Vistage Chair para pedir um favor importante a ele.
10. Recebi um sólido "não" de uma cliente potencial no telefone, e encerrei o processo de prospecção/venda com ela com uma observação positiva. (Mencionei o quanto detesto falar no telefone? No entanto, preciso dele.)

No total, tinha 10 atividades agendadas em meu calendário e dei conta de todas antes das 15 horas. Mudei a cor delas, fiz observações de acompanhamento e me senti ótimo com os resultados do dia.

---

2 Talvez você tenha notado que meu segundo item foi responder um e-mail do LinkedIn. Consegui fazer isso porque usei um Filtro Dinheiro em minha caixa de entrada e as informações pedidas pelo novo cliente potencial foram qualificadas como ATIVIDADE PARA GANHAR DINHEIRO, portanto, acrescentei essa atividade proativamente a meu dia em tempo real. Veja mais sobre o Filtro Dinheiro no próximo capítulo.

Moral da história: viva segundo seu calendário, NÃO seu e--mail.

69 CINCO MANEIRAS DE USAR O E-MAIL SEM FICAR APRISIONADO

Assim como você, eu luto contra o e-mail.

Você provavelmente já se deparou:

- recebendo e-mails demais;
- gastando muito tempo com e-mail;
- perdendo tempo em longas seções de ações reacionárias (isto é, eliminando e-mails);
- confundindo sua produtividade empresarial importante com a quantidade de e-mails que lê, responde e processa em um dia; e
- imaginando o que aconteceu com todas aquelas tarefas de alta prioridade, lucrativas, que você prometeu a si mesmo terminar hoje.

E-mail é simplesmente uma realidade de como você faz negócios, como atende seus clientes e como ganha a vida.

E você, provavelmente, é como a maioria dos empresários, empreendedores e profissionais autônomos que **tentou dezenas de maneiras de afrouxar as amarras que os aprisiona dia e noite ao e-mail** – no computador, no celular, no iPad e até mesmo nas células cerebrais.

Isso mesmo: o e-mail aprisiona seu cérebro. Admita. Você até sonha com sua caixa de entrada. Triste, mas verdade. Não há vergonha nisso, e você definitivamente não está sozinho!

Ocasionalmente (principalmente nos finais de semana), assumo um compromisso de não acessar o e-mail.

Má notícia: geralmente não funciona.

Boa notícia: encontrei cinco maneiras de USAR o e-mail sem ficar APRISIONADO.

A seguir, estão as cinco estratégias específicas que você pode usar para ter foco em suas atividades de e-mail e resolver os assuntos importantes em cinco minutos ou menos, **sem a distração** de ver as centenas de mensagens que se acumulam por minuto em sua caixa de entrada:

1. BUSCA DIRIGIDA

Use o recurso de pesquisa de seu e-mail proativamente quando quiser encontrar algo em particular. Exemplo: lembro-me de ter recebido uma mensagem da Staples sobre um bônus de desconto que estava para expirar. Digitei "Staples" na caixa de pesquisa e em 60 segundos estava imprimindo meus cupons de desconto, feliz da vida a caminho do site da Staples e FORA da caixa de entrada. Rápido dentro, rápido fora.

2. ENVIE COM UM GOLPE CERTEIRO

Em um sábado diferente, eu queria enviar uma breve nota para um cliente sobre nossa próxima reunião. Sua rotina usual provavelmente é igual a minha: enviamos e-mails a partir da caixa de entrada. E lá estão TODAS aquelas mensagens distrativas clamando por nossa atenção.

Não precisa ser assim.

Desta vez, abri meu e-mail e imediatamente cliquei no botão "Novo e-mail/Compor mensagem". A caixa de nova mensagem em branco encheu minha tela. Enderecei o e-mail, inseri o assunto, digitei uma pequena nota para meu cliente, cliquei em enviar e fechei imediatamente o programa de e-mail. Assim como um ninja de e-mail: silencioso, mas mortal!

3. RESPOSTA RÁPIDA

Já teve aquela sensação incômoda de que tem alguma tarefa de e-mail por fazer, mas, simplesmente, não se lembra do que é? E, então, ela vem a sua mente no meio da noite: responder a pergunta de Bob sobre definição de preços! Aí você se levanta da cama às 2 horas da madrugada, senta em frente ao computador e logo já são 4 horas da manhã porque você ficou aprisionado lá.

Não é incomum pessoas passarem duas horas vendo e-mails, levantarem da mesa e perceberem que se esqueceram daquela mensagem cujo assunto originalmente se sentaram para tratar.

O melhor jeito de eliminar essa falha é usar a técnica da Pesquisa Orientada. Em primeiro lugar, procure pelo endereço de e-mail de quem você precisa responder. Se você não se lembra, procure pelo nome da empresa, pela palavra "preços", ou qualquer outra coisa que você lembre da sua última troca de e-mail. Os resultados da sua pesquisa devem preencher a tela e substituir a visão da sua caixa de entrada. Depois de encontrá-lo, responda-o. Anexe os documentos necessários e feche o e-mail.

O objetivo é responder rapidamente, sem olhar para o conteúdo da caixa de entrada. (Bom trabalho!)

4. CAVANDO FUNDO

Eu queria encontrar uma dica específica da Wikipédia que eu sabia que estava enterrada em uma *newsletter* que recebi. Esta *newsletter* é uma das seis, aproximadamente, que assino há anos e leio regularmente. O conteúdo é tão bom que guardo a maioria das edições anteriores em uma pasta de e-mail, a qual chamo "Pesquisa".

Quando fui procurar esta dica, não queria ficar preso nos e-mails. Então, novamente meu ponto de partida foi a técnica de busca dirigida. Mas, como essas *newsletters* são tão abarrotadas de conteúdo, eu precisava procurar no corpo dos e-mails listados no resultado da busca. Além disso, como eu sabia que este e-mail estava na pasta "Pesquisa", limitei minha busca àquele local.

Tentei pesquisar por "Wikipédia" só para me dar conta de que a editora da *newsletter* cita este site com frequência para consulta a informações adicionais aos tópicos que ela aborda. Por fim, lembrei-me da pessoa que publicou a dica e usei o critério de busca combinado ao nome dele. Bingo! Duas entradas encontradas: uma de 2009 e uma de 2011. A mais antiga continha a joia que eu procurava.

Gastei algum tempo cavando fundo? Sim, com certeza. Perdi tempo APRISIONADO no inferno dos e-mails? Não. E você não vai também, se permanecer focado.

5. USE UM FILTRO DO DINHEIRO

Esta última técnica combate de vez ficar aprisionado no e-mail. Suponhamos que você esteja com uma enorme fila de espera de mensagens a serem lidas em sua caixa de entrada (por exemplo, minha contagem neste momento é de 226 e-mails porque eu queria escrever este capítulo antes de ficar preso neles!). Quando isso acontece, você precisa colocar seus óculos de dinheiro.

Com estes óculos posicionados firmemente na frente dos olhos, vá corajosamente para seu computador. Faça a seguinte pergunta impiedosa, mensagem após mensagem, conforme examina sua caixa de entrada: "Responder a este e-mail vai me fazer ganhar dinheiro?"

Por exemplo:

- É de um cliente atual pagante?
- É de um cliente potencial avançando no processo de vendas?
- É de um cliente que já foi pagante?
- É uma recomendação ou uma nota de um de seus defensores, aliados ou parceiros?
- É um novo lead ou uma oportunidade para vender mais produtos, serviços ou programas?

Depois de usar o Filtro Dinheiro, você pode relegar o resto de seu processamento de e-mails para alguma pausa ou outro momento que não seja de pico.

Como minha amiga especialista em produtividade em e-mail Masha Egan diz: "E-mail não é seu trabalho". Seus princípios em gerenciamento de e-mails salvaram bastante minha vida. Visite: www.inboxdetox.com, para ver o que quero dizer [site em inglês].

E-mail não é seu trabalho. Prenda isso em um lugar onde possa ver claramente de seu computador! É um insight MUITO grande, em minha opinião.

Usando as cinco estratégias juntamente com uma força de vontade aplicada intencionalmente, que se tornará cada vez mais fácil conforme as usar, você reassumirá o controle de seu tempo, de seu dia e de sua vida!

70 O INGREDIENTE SECRETO

Quer saber qual é o ingrediente secreto para seu sucesso?

Está pronto? A seguir, está o ingrediente oculto, que distingue os homens dos meninos e as mulheres das meninas, o elixir para o sucesso em qualquer atividade:

Persistência.

Sucesso significa que você tem uma longa estrada pela frente. E se tem como combustível originalidade, paixão, propósito e amor ou tem como motivador o dinheiro, qual deles acha que vai durar mais nesta corrida?

Persistência é extremamente importante. E só é viável se muito bem administrada.

Em 1999, quando estava compartilhando meu grande plano de negócios em um jantar com amigos de longa data, um deles me perguntou: "Mas, como você vai montar uma empresa dessa?" Outro amigo ofereceu sensata e tranquilamente as seguintes palavras de sabedoria: "Ele fará um cliente por vez."

Um tema recorrente que ouço de meus clientes quando começamos a impulsionar seus esforços de marketing e vendas – fazendo pesquisas, prospecção inteligente, idealizando produtos e serviços excepcionais, focando em nichos restritos – é: "Mas David, isso dá muito trabalho." Bem-vindo ao mundo do marketing e das vendas!

Trata-se de uma maratona, não de uma prova de curta distância, e é preciso persistência para isso.

Tom Peters disse: "A chave para o sucesso nos negócios é sobreviver tempo o bastante para ter sorte."

71 FAÇA O QUE VOCÊ AMA PARA PESSOAS QUE VOCÊ AMA

"Tudo o que você precisa é amor."
— The Beatles

Uma das mais poderosas ferramentas empresariais para empreendedores e executivos é o autoconhecimento. Use seu autoconhecimento para liberar o poder do amor em seu negócio: fazer o que você ama para quem você ama.

De forma mais simples, liberar o poder do amor se resume a responder as seguintes perguntas básicas:

- Quem sou?
- Como sou?
- O que amo fazer?
- Quem quero ser?
- Qual é a melhor maneira de chegar lá?
- Onde gostaria que a jornada me levasse?

A seguir, está um modelo para combinar seu melhor "eu", ao seu melhor trabalho e com os clientes perfeitos. Considere os três círculos:

Reserve alguns minutos para responder as perguntas:

Seu Melhor Eu, Seu Melhor Trabalho e Seus Clientes Perfeitos

1. **O que amo fazer:** liste todas as atividades profissionais, atividades em geral e interesses que ama.
2. **Com quem amo estar:** liste o tipo de pessoas com quem gosta de passar seu tempo.
3. **O que ELAS querem SER, FAZER ou TER:** conecte os principais desejos, necessidades, sonhos, aspirações desta pergunta

com as pessoas da questão número 2, proporcionando a elas algo em que você é naturalmente excelente que listou na indagação número 1, e com isso criará um negócio apaixonado, lucrativo e prático.

TURBINE! 10 ATIVIDADES QUE VOCÊ AMA FAZER

Não importa o contexto. Use sua vida profissional, a pessoal, a com a família, amigos, cívica ou religiosa, qualquer coisa:

1.____.
2.____.
3.____.
4.____.
5.____.
6.____.
7.____.
8.____.
9.____.
10.____.

Agora reveja sua lista e resuma cada um desses 10 itens usando um VERBO, tal como "ensinar" ou "analisar" ou "cultivar".

Essas são 10 das principais ações que definem o melhor de você.

Como você pode criar mais oportunidades para usá-las? Ao responder esta pergunta, lembre-se que até mesmo uma mudança mínima pode ter um enorme impacto.

Você não precisa largar seu trabalho em um escritório em São Paulo e mudar para uma fazenda comunitária caso sua palavra-chave for "compartilhar". Você pode compartilhar parte do que sabe com seus colegas. Dar aulas, escrever artigos, formar um grupo de discussão, criar uma série de seminários na hora do almoço ou iniciar um fórum on-line para seus consumidores e clientes potenciais. Muitos empreendedores e executivos sentem-se infelizes porque as oportunidades de usar essas ações-

-chave evaporaram de suas vidas ou estão bloqueadas por agendas de compromissos lotadas.

Pare e pergunte-se: "Quanto eficiente minha mente pode ser se meu coração e minha alma estão famintos?"

E se você não cuidar deles, quem vai cuidar?

PARTE DOZE

ENTRANDO EM AÇÃO

72 CINCO AÇÕES DE MARKETING PARA TER SUCESSO NOS NEGÓCIOS

Tradicionalmente, o marketing está subdividido em uma fórmula conhecida como os Cinco Ps, os cinco fatores que compõem sua estratégia de marketing. Se bem aplicadas, consistentemente e por um período de tempo suficiente, acabam se tornando parte de sua marca.

Até aí, tudo bem.

Mas, o problema é que não se consegue chegar a um consenso sobre quais Ps são os importantes, então a lista tipicamente inclui **pessoas, produto, ponto (lugar), processo, preço, promoção, paradigma, perspectiva, persuasão, paixão, posicionamento, pacote, performance**.

Nossa, parece complicado, não é?

Vamos simplificar: tudo o que você precisa são cinco movimentos – cinco ações concretas – que possa **implementar imediatamente**.

Desafio para você: experimente uma ou mais delas AGORA.

73 PARA CIMA

Quer experimentar algo diferente? Da próxima vez que estiver falando com um cliente potencial e surgir a pergunta sobre preço, COBRE o dobro de seu preço normal e veja o que acontece.

Arriscado? Talvez. Um bom teste? Com certeza.

Por que? **Porque você pode descobrir que se NÃO está cobrando o suficiente por seu valor, talvez esteja competindo por preço.**

Empresas que competem por preço perdem. Ponto.

A coisa mais fácil que seus concorrentes podem fazer é cobrar menos que você. Na verdade, a primeira coisa que farão é copiar seu preço. Não é preciso imaginação, nem criatividade, nem inovação, nem visão, tampouco liderança no mercado para baixar o preço de algo. E isso prejudica todas as partes envolvidas. Preços menores sempre significam lucro menor. Estudos mostraram que uma redução de 1% no preço resulta em uma queda de 8% no lucro.

TURBINE! DOBRANDO SEU PREÇO

Isso é loucura? Talvez sim. Talvez não.

Várias coisas podem acontecer, todas elas boas. Seus clientes potenciais perceberão:

- Um aumento no **valor** de seu produto/serviço.
- Um aumento no nível de **prestígio** por possuir ou usar seu produto/serviço.
- Um aumento no nível de **confiança** em você e em suas ofertas (efeito halo).
- Um aumento no nível de **confiabilidade** de que seu produto/serviço realmente funciona.

Uma cliente, que coincidentemente também era consultora de marketing, certa vez me deu um conselho muito valioso: "Seja caro ou seja de graça."

Ser um dos provedores mais caros de um serviço é notável. As pessoas falam sobre carros esportivos de um milhão e meio de reais e de telefones celulares de platina e diamantes de 21 mil reais (mesmo que não comprem). Ninguém fala de um sedã da GM de 23 mil reais.

Várias empresas, minhas clientes, dobraram seus preços com grande sucesso, e vários profissionais autônomos, usuários dos meus serviços, duplicaram (e em um dos casos, triplicou) seus honorários. Em cada um destes exemplos, conseguiram mais clientes, não menos.

Talvez você perca alguns consumidores pouco lucrativos ao longo do caminho, mas se não perdê-los não terá espaço para atender aos clientes lucrativos quando eles aparecerem.

É suicídio profissional continuar focando no atendimento de um setor de mercado que pode bancar seus preços antigos (baixos). Preço não encontra clientes. Valor encontra clientes. Clientes que valorizam seu trabalho devem – e irão – pagar de acordo com esse valor.

De graça também é um nível de preço poderoso. E, é claro, oferecer sem cobrar nada também tem um certo fator *uau!*, mas só se você oferecer algo pelo qual outras empresas cobram.

Vou repetir porque isso é vitalmente importante:

De graça só tem significado se você oferecer algo pelo qual outras empresas cobram.

Você se movimenta para cima quando **proporciona VALOR primeiro**.

Tem uma ideia excelente para seus clientes potenciais? Ótimo! ENVIE A ELES.

Melhor ainda, tem um lead? Mande para eles!

Encontrou um artigo ou uma pesquisa que pode causa impacto no negócio deles? Anexe e envie por e-mail para o CEO com uma nota explicativa.

A porta deste cliente potencial agora está aberta. E você está pronto para mover-se para cima.

74 PARA DENTRO

Mover-se para dentro significa aproximar-se mais de seus clientes. Já falamos sobre o poder de viver no mundo de seus clientes potenciais, pensar sobre os problemas deles e refletir sobre os clientes e clientes potenciais deles.

Não gosta de ficar no computador o dia inteiro? Então vai adorar esta tarefa:

TURBINE! VÁ PARA AS RUAS

Visite alguns clientes potenciais, vá até empresas locais, fale com seus contatos nos setores que servem e obtenha algumas informações, em primeira mão, sobre o que está acontecendo no mundo deles.

Quais são os desafios, as angústias, os problemas, as opiniões, os obstáculos e as prioridades deles?

Quais são os sonhos deles e suas aspirações?

Quais soluções, serviços e respostas estão buscando agora – hoje – neste exato minuto?

Leve essas pessoas para tomar um café da manhã, almoçar, happy hour...

Não venda nada para eles. Faça perguntas, cale a boca e OUÇA!

Isso é muito trabalho? Pode apostar.

Será que a maioria de seus competidores empenha esses esforços? De jeito nenhum.

É exatamente por isso que **VOCÊ** deve fazer.

75 PARA FRENTE

Mover-se para frente significa ir além do que a maioria dos empresários está fazendo.

Isso quer dizer que trabalhar com dedicação – sim, o trabalho realmente duro – faz a diferença entre ser um mascate e ser um parceiro.

Você pode mover-se para frente cobrando mais (lembra-se do mover para cima?) e **DEMONSTRANDO o VALOR de seu produto/serviço com números concretos.**

Em seu livro perspicaz, *How to become a rainmaker* [ainda não publicado em português], o autor Jeffrey Fox chama este processo de *dollarizing* [em tradução livre "dinheirização", algo semelhante à "monetização"].

A **"dinheirização"** é uma das mais poderosas técnicas de vendas porque uma vez que você mostra retorno sobre o investimento (com números reais que seu cliente potencial fornecerá) – o quanto ESTE valor gasto gerará em economia, lucro, vendas, novos clientes, horas etc. – **você, basicamente, muda a conversa de vender aquilo que está vendendo para VENDER DINHEIRO.**

O exercício Máquina de Dinheiro ajudará você a traduzir isso claramente em termos monetários.

A Máquina de Dinheiro dá um passo à frente porque você pode usá-la para "dinheirizar" contra:

- produtos/serviços concorrentes;
- o cliente potencial não fazer nada;
- o cliente potencial fazer sozinho;
- outras coisas com as quais o cliente potencial já se sente confortável em gastar dinheiro.

PLANILHA MÁQUINA DE DINHEIRO

Segundo o especialista em vendas e autor Jeffrey Fox, **"dinheirização"** é a tradução tangível e lógica das alegações sobre seu produto ou serviço (ex.: "mais seguro", "mais confiável", "melhor custo-benefício", "qualidade superior" e assim por diante) em dinheiro.

Você pode "dinheirizar" praticamente qualquer benefício ou ponto de distinção de qualquer produto ou serviço que vende. É necessário algum planejamento, reflexão e, em alguns casos, alguns números específicos fornecidos por seu cliente potencial.

Exemplo: software de seguros = mais rápido

- O software mais rápido economiza 15 segundos do tempo do operador em cada transação de sinistro.
- 15 segundos x 100 transações por dia x 70 processadores de sinistro = 29 horas de trabalho economizadas/dia.
- A 40 reais/hora de remuneração total (salário + benefícios + despesas indiretas) por processador de sinistro são 29 horas x 40 reais = 1.160,00 reais por dia em economia ou 5.800,00 reais por semana ou **290.000,00 reais** por ano.
- Custo de um novo sistema de software = 150.000,00 reais.
- Tempo total para retorno do investimento = seis meses. Economia total posterior = 5.800,00 reais por semana.

Faça isso corretamente, e seu produto ou serviço se tornará um verdadeiro investimento. Você pode mostrar para as pessoas a matemática por trás do tanto GASTO para o tanto ECONOMIZADO e ganhou o direito de ir para frente.

Números específicos que precisa (a partir de pesquisas ou fornecidos pelo cliente):

____

____

____

____

____

Exemplo de cálculo de "dinheirização":

____

____

____

____

____

76 PARA O LADO

Eis outra coisa em que muitos pequenos empresários, empreendedores e profissionais autônomos encontram dificuldade: **você não pode ser tudo para todas as pessoas.**

"Ir para o lado" diz respeito a encontrar seu nicho e declarar sua expertise em uma área estrita de especialidade.

Em bom português, isso significa que você quer se tornar "o cara" para seu tipo específico de produto ou serviço – o extremo oposto de ser um "pau para toda obra" ou "mestre do nada".

As pessoas com quem você falar terão uma reação muito diferente para essas duas imagens mentais de seu produto/serviço:

"Acho, talvez, que isto pode resolver nosso problema."

Versus

"Isto é exatamente o que estávamos procurando!"

Por exemplo: uma empresa lista entre seus serviços: **"Remoção de carpetes, faxina, serviços gerais e serviço de bufê."**

Não sei quanto a você, mas quando quero um serviço de bufê, busco alguém que só faz isso. Não quero ter de me preocupar se eles lavaram as mãos depois da remoção do carpete e antes de servirem meus convidados.

Na verdade, se eu estiver procurando um serviço de bufê para um casamento ficarei muito mais propenso a falar com o Bufê Matrimônio que com o Bufê do Sam ou o Bufê Bom Prato.

Eis outro exemplo. Eu encontro com donos de empresas de design gráfico que fazem todo tipo de trabalho – sites web, logos, brochuras, materiais promocionais, rótulos de vinho, encadernação etc.

O que você pensar, eles fazem. E a empresa, de modo geral, vai bem. (Novamente, se estivessem arrasando, provavelmente não teriam procurado minha ajuda!)

Alguns deles têm dificuldade em se diferenciar dos concorrentes e outros de desenvolver uma base forte de clientes e de fontes de recomendação.

Tiveram algum sucesso em desenvolver seu negócio atual. No entanto, quando nos aprofundamos na possibilidade de se moverem para o lado e cavar um nicho ou desenvolver uma única coisa que seja sua especialidade, muitos de meus clientes ficam apreensivos.

Uma empresa (não minha cliente, infelizmente para mim!) que fez isso com resultados fabulosos é a MaxEffect. Eles tomaram uma decisão difícil. Eles foram para o lado.

A companhia poderia fazer diversas coisas com suas competências em desenho gráfico e publicidade, mas faz UMA ÚNICA: trabalha exclusivamente com anúncios de *Páginas Amarelas*.

É isso.

Eles já criaram centenas e mais centenas de anúncios de *Páginas Amarelas* e construíram uma base de clientes fanática. Recebem um fluxo contínuo de recomendações, sem falar da quantidade crescente de trabalho.

Veja você mesmo: www.max-effect.com.

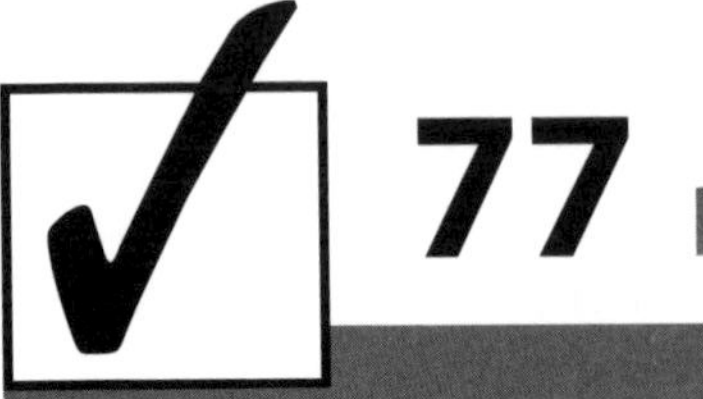

77 PARA FORA

Neste exato momento, você e sua empresa estão perdidos em um mar cinzento. O "eu também" governa o dia. Por onde você olha há mais e MAIS do MESMO DE SEMPRE sendo vendido pelas MESMAS PESSOAS DE SEMPRE da MESMA MANEIRA DE SEMPRE.

Entediante.

E mortal.

O problema é que as pessoas não compram o cinza.

Se você e sua empresa estão mesclados nesse pano de fundo, poderia muito bem fechar as portas agora.

Deixe-me colocar de outra forma: todas as empresas acabam. É só uma questão de tempo.

Quer uma prova? Das 100 maiores companhias de 50 anos atrás, 17 sobrevivem até hoje. E nenhuma destas 17 é líder de mercado como costumava ser.

Por que? Mudanças acontecem. Se você não está se separando da multidão está se misturando, e ninguém vai notar você, muito menos procurá-lo e falar sobre você para os amigos.

Veja o exemplo de uma empresa que vem fazendo um bom trabalho, mas que também não se sobressai como costumava.

Liguei recentemente para um grande banco emissor de cartões de crédito para resolver um problema de fatura. Ao final da ligação, a atendente perguntou-me: "Superei suas expectativas nesta ligação?" e eu respondi friamente: "Não". Eu estava com um problema na fatura e ela resolveu. **Esta é minha expectativa.**

Agora, se a atendente tivesse me oferecido um cupom de 50 reais, ISSO teria superado minhas expectativas, certo? Esta história valeria ser repetida para aproximadamente 20 pessoas. Você consegue se imaginar contando para alguém: "Sabe, liguei para o cartão de crédito para resolver um problema na fatura e adivinhe o quê? Eles resolveram!" Isso não é sobressair, não é mover-se "para fora."

A seguir, está um bom teste para saber se suas estratégias de marketing e vendas estão na categoria mover-se "para fora". Elas estão se você estiver fazendo algo que:

- Simplesmente não é feito em seu setor.
- Os clientes não conseguem deixar de contar para alguém.
- Vai contra a sabedoria convencional (senso incomum).

- Os outros (inclusive seus competidores) acham que é "loucura".
- Os outros (inclusive seus competidores) terão medo de copiar.

Seja bobo. Seja louco. Tenha atitude. Seja notado.

O autor Seth Godin talvez tenha colocado isso da forma mais sucinta quando disse: "Seguro é arriscado. E arriscado é seguro."

A seguir, está uma recapitulação dos Cinco Movimentos de Marketing para que você os tenha à mão:

1. **Mova-se para cima:** seja mais valioso.
2. **Mova-se para dentro:** aproxime-se.
3. **Mova-se para frente:** seja mais inteligente.
4. **Mova-se para o lado:** especialize-se.
5. **Mova-se para fora:** seja notado.

Juntos, estes movimentos também ajudarão você a chegar ao ápice ou segundo o termo cunhado pelo fundador da Apple, Steve Jobs: seja insanamente ótimo.

Steve Jobs
1955-2011

E lembre-se das palavras imortais de Jerry Garcia: **"Você não quer ser considerado o melhor dos melhores. Você quer ser considerado o único que faz o que faz."**

TURBINE! ESTRATÉGIA DE SUCESSO: QUATRO OUTRAS AÇÕES IMPORTANTES

Scott Ginsberg

Empreendedores e executivos como você costumam ser inteligentes.

Têm de dominar marketing, vendas, liderança, operações e serviço ao cliente.

Ocasionalmente, podem esquecer os elementos básicos que os tornam bem-sucedidos, mas ignorar estes elementos é ignorar seu potencial para concretizar novos negócios.

Pensamento importante: empresários que lançam mão de ações pequenas e inteligentes, vencem.

Considere acrescentar essas quatro ações ao seu mix diário:

1. **Crie "memorabilidade".** Vale a pena repetir estas sete palavras: "Agradeço por me permitir aprender algo hoje." Esta era a frase de conclusão do atendente do Serviço ao cliente do Bank of America. Não: "Obrigado por ligar." Não: "Há algo mais em que posso lhe ajudar?" Não: "Está satisfeito com o nível de serviço hoje?" Não: "Estaria disposto a responder uma avaliação rápida sobre sua experiência de consumidor, para concorrer a mil reais?" Apenas: "Agradeço." Com sua gratidão, ele demonstrou respeito. Com sua ignorância, ele projetou vulnerabilidade. Com sua atitude inesperada, ele criou "memorabilidade". **Você e sua equipe de atendimento conseguem usar aquelas sete palavras?**

2. **Venda o que é possível.** Já esteve em alguma academia Lifetime Fitness? As instalações são o paraíso do condicionamento físico moderno. Considere as amenidades: duas piscinas de raia olímpica; sala de *spinning* com acústica e instalações de casa de espetáculos; quatro quadras de basquete com piso de madeira;

múltiplas opções de aparelhos para todas as partes do corpo; nove mil e trezentos metros quadrados de espaço para treino; centenas de opções de cárdio sem espera, garantido. Parece exagero? Parece desperdício? Talvez. Mas, na academia, não que precisemos disso tudo, é isso o que é possível. E sempre pagaremos por possibilidade. Na Lifetime eles não vendem condicionamento físico, vendem esperança. E muita. **O que você vende?**

3. **Pratique consistência.** Quando contamos nossa história da mesma maneira, o tempo todo, em todo lugar, as pessoas não compram de nós uma única vez, elas se juntam a nós para sempre. Hospede-se em um Ritz-Carlton ao redor do mundo e os funcionários lhe oferecerão a mesma recepção calorosa, proporcionarão o mesmo atendimento antecipatório e terão a mesma postura. Participe de uma aula de ioga do método De Rose, em qualquer parte do mundo, e os instrutores usarão a mesma linguagem, ensinarão as mesmas posturas e praticarão a mesma filosofia. Voe com a Virgin America para qualquer cidade no mundo, e os comissários terão o mesmo comportamento informal, o mesmo tom amigável e o mesmo visual atraente. Mesmo, mesmo, mesmo. É a palavra que as pessoas esperam de nós no futuro. **Onde está sua consistência?**

4. **Assine tudo.** Recentemente conversei com uma mulher que desenhou seu próprio vestido de noiva. Quando vi a foto do vestido, perguntei onde ela pretendia assiná-lo. Afinal, era uma verdadeira obra de arte. Ela disse que não havia pensado nisso. Engraçado. Eu costumo pensar bastante nessas coisas. Parece-me que, se não vamos assinar, por que vamos mostrar? Uma parte crítica de ser um artista é assinar seu trabalho – ter orgulho de suas criações e colocar seu nome nelas para que as pessoas vejam. Não é narcisismo nem autopromoção descarada. Tampouco é consequência de um tipo de insegurança artística. Quando

expressamos nossa pessoa, não há nada de errado em assinar o nome no "eu" que estamos expressando. **Qual é sua assinatura?**

Scott Ginsberg é a única pessoa que usa uma etiqueta com o nome presa na roupa o tempo todo. Mais importante, ele é a única pessoa no mundo que construiu uma carreira baseada em usar uma etiqueta com o nome presa na roupa o tempo todo. Como autor de 21 livros, palestrante profissional, blogueiro premiado e produtor do programa *NameTagTV.com*, a editora e consultoria de Scott é especializada em abordagem, identidade e execução.

Ele foi citado nos principais periódicos de notícias e publicações dos Estados Unidos, incluindo *The Wall Street Journal, USA Today, National Public Radio, MSNBC, Fast Company* – e até escreveu um *quiz* para a revista *Cosmo*. Quando não está viajando pelo mundo dando palestras, Scott está em sua casa no Brooklyn, Nova York, onde frequentemente conversa com estranhos.

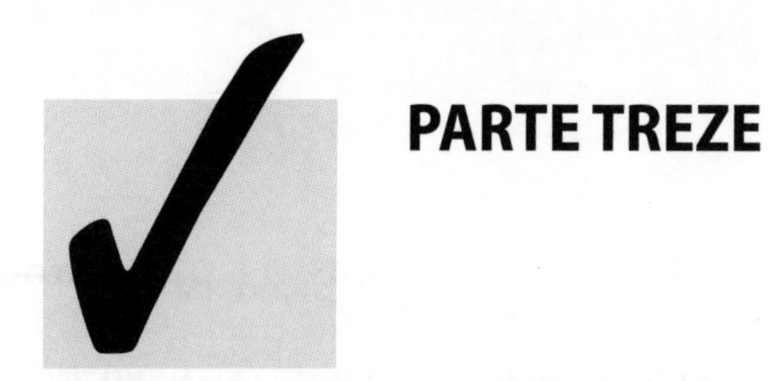

PARTE TREZE

SEU PLANO INICIAL DE MARKETING DE 21 DIAS

Agora é hora de você entrar em ação – passo a passo, e dia após dia.

Você pode ser novato e estar apenas começando seu negócio ou pode ser um empresário experiente que já dirige sua companhia há muito tempo.

Este **Plano Inicial de 21 Dias** vai funcionar não importa em que estágio de seu negócio você esteja. Para cada dia deste **Plano Inicial de 21 dias** você receberá uma tarefa específica ou miniprojeto que deverá concluir. Nada é deixado de fora, nada é suposto e nada é "largado" ao acaso. Este programa é simples, mas não simplista.

A cada dia você aprimorará tudo o que precisa: refinar sua mensagem, focar em clientes potenciais com alta probabilidade, mídia social, e-mail marketing, tornar seu site um imã de marketing e dezenas de outras tarefas, ferramentas e temas.

Está pronto? **Vamos lá!**

DIA 1:

QUEM É *VOCÊ*?

Reserve algum tempo para responder as perguntas a seguir ou faça algumas anotações para refletir depois. Complete esta tarefa agora, e você irá adquirir mais clareza sobre questões importantes e estará pronto para tomar boas decisões sobre o direcionamento futuro de seu marketing e de sua empresa.

ATIVIDADE:

DEFINIR E DECIDIR

SEU MODELO DE NEGÓCIOS

Você está criando:

- Uma organização (funcionários, força de vendas, escritórios etc.)?
- Um serviço profissional (autônomo, sem funcionários, trabalhando de casa etc.)?
- Uma consultoria baseada em projeto (uma cooperativa de pessoas e recursos)?
- Nenhuma das anteriores? Anote suas ideias.

MODELO DE RECEITA

Como você quer ganhar dinheiro? Quanto e de que fontes?

VOCÊ QUER UMA RENDA ATIVA:

- Vendendo produtos.
- Vendendo serviços.
- Vendendo expertise.

- Projetos de curto prazo (menos de um mês).
- Projetos de médio prazo (de um a três meses).
- Projetos de longo prazo (de três meses a um ano ou mais).

VOCÊ QUER UMA RENDA PASSIVA DE:

- Associação e subscrição.
- Produtos ligados à informação (e-books, áudios, vídeos, recursos on-line).
- Programas de afiliação.
- Comissão por recomendações.
- Licenciamento.
- O que mais?

MODELO DE ENTREGA

Como você entregará seus produtos, serviços e valor para seu consumidor final?

VOCÊ QUER UM FOCO BASEADO EM GEOGRAFIA?

- Local.
- Regional.
- Nacional.
- Internacional.

VOCÊ QUER UM FOCO BASEADO EM MÉTODO?

- Pessoalmente.
- Virtualmente (e-mail, telefone, web).
- Varejo.
- Atacado.
- Franquias.

- Revendedores.
- Distribuidores.
- Representantes independentes.

VOCÊ QUER UM FOCO BASEADO EM DETERMINADOS MERCADOS?

- *Business to business* (B2B).
- *Business to consumer* (B2C).
- Em um setor específico.
- De um tamanho específico (por receita anual, número de funcionários, número de localidades).

DIA 2:
QUEM SÃO *ELES*?

Ontem, focamos em identificar seus modelos de negócio, receita e entrega.

Hoje, vamos juntar os pontos entre QUEM você é (e O QUE você faz) e a tribo de pessoas (compradores, clientes, públicos) a quem você deseja atender. Este processo é um pouco mais ardiloso do que se pode imaginar. Mas, você DEVE usar uma mira laser em seu público – aquelas pessoas as quais não precisa convencer. Aqueles que reverberam você HOJE. Que BUSCAM ativamente exatamente o que você oferece. Estes são os compradores com quem você mais quer trabalhar, porque sua expertise é a que atende melhor a eles.

Em termos básicos, hoje você vai decidir quem é seu mercado-alvo: o grupo de clientes potenciais que está tentando atrair.

São pessoas as quais você espera que, em algum momento, irão contratá-lo, comprar de você e se tornarão seus consumidores e clientes (aqueles em quem focará com todos os seus esforços de marketing).

Nota: não se desespere nem evite este exercício. Você NÃO vai "deixar dinheiro na mesa". O slogan é: "Mire no que deseja, e sempre poderá ficar com o que vier."

Comece este dia 2 dedicando algum tempo para responder as Sete Perguntas sobre *Buyer Persona*. Reserve no mínimo 60 minutos somente para esta atividade. É IMPORTANTE!

ATIVIDADE:
ENTENDER SEU *BUYER PERSONA*

1. Pense sobre seus melhores clientes. O QUE faz deles os melhores?
2. Quais são os cargos deles? Os setores? As afiliações? Qualidades? Valores?
3. Quais são os problemas deles? O que eles estão BUSCANDO? (Descreva isso nas palavras deles!)
4. Onde mais eles procuraram resolver este problema?
5. Por que não funcionou?
6. O que eles mais odeiam sobre sua categoria de produto/serviço ou seu setor?
7. Como você pode se posicionar como a solução "Ah! Até que enfim!"

Passe o resto do dia revendo estas perguntas e refinando suas respostas por meio de pesquisas em sites e associações específicas do setor, fóruns e blogs "povoados" por membros de seu *buyer persona*. Reserve de 60 a 90 minutos para a pesquisa, você se sentirá feliz por ter feito isso!

Se não tem certeza de quem eles são, simplesmente use o Google e digite termos de pesquisa substituindo no colchete os termos indicados apropriado:

- Site de [seu setor/sua expertise].
- Fórum de [seu setor/sua expertise].
- Blog de [seu setor/sua expertise].
- Revista de [seu setor/sua expertise].
- *Newsletter* de [seu setor/sua expertise].

e/ou

- Site de [seu mercado-alvo].
- Fórum de [seu mercado-alvo].
- Blog de [seu mercado-alvo].
- Revista de [seu mercado-alvo].
- *Newsletter* de [seu mercado-alvo].

Quando adquirir um "vocabulário de trabalho" com esta pesquisa, refine as sete perguntas e clone a linguagem delas em suas respostas. Foque nos desafios, obstáculos e problemas do seu mercado--alvo nas próprias palavras dele. Reserve 30 minutos para rever suas sete respostas usando seu novo insight e a linguagem específica do COMPRADOR.

Desfrute de um fim de dia prazeroso e de uma ótima noite de sono depois de seu excelente trabalho hoje!

DIA 3:
DESENVOLVA UM PLANO DE CONSTRUÇÃO DE PLATAFORMA – PARTE I

Um plano de construção de plataforma é um tipo de combinação do plano de marketing/plano de visibilidade que você usará ao longo deste programa (e depois).

Por que você deveria criar um plano assim? Porque vai servir como modelo, mostrando como construir uma plataforma eficiente de liderança em pensamento que atrairá a atenção do tipo certo de pessoas: aquele para quem você quer vender. Ele inclui:

- Seu orçamento (de marketing/aquisição de clientes).
- Seu nicho.
- Seus competidores.
- Suas forças/ativos.
- Seus obstáculos/pontos cegos.
- Seu Banco de Linguagem de Marketing (incluindo fatores problema/ganho).
- Seus "argumentos de prova inquestionáveis".
- Suas metas (clientes, dinheiro, receita, projetos).
- Suas estratégias.
- Suas táticas (Como? Quando? Com que frequência? Quem faz?).

Vamos abordar a primeira metade destas tarefas hoje e o restante amanhã. Reserve uma ou duas horas para as atividades de hoje. Não recomendo realizá-las todas de uma vez. Em vez disso, divida em intervalos de 30 a 60 minutos, criando pausas para sua intensa atividade cerebral!

Vamos à metade de hoje.

Seu Orçamento (para Marketing e aquisição de clientes)

Por ora, pense em um número mensal que faça sentido para um orçamento de marketing simples. Zero, geralmente, NÃO é uma boa resposta. Não precisa ser muito, mas você necessita começar com alguma coisa. Associações profissionais custam dinheiro. Participar de reuniões setoriais custa dinheiro. Pagar um web designer para criar um site básico custa dinheiro. Você entendeu. Quanto você pode alocar a cada mês para um fundo de marketing? E, obviamente, não há problema se acabar não usando em um determinado mês. Mas, é melhor ter e não precisar que precisar e não ter.

Seu Nicho

Você pode focar sua expertise ou usá-la em um nicho de várias maneiras. A maneira que vem de pronto à mente de vários empresários é de um nicho com base em mercado-alvo (por exemplo, voltado para dentistas). E esta seria UMA das maneiras, mas existem muitos outros caminhos para o topo da montanha! Vamos explorar o nicho do mercado-alvo e, em seguida, você verá vários outros, caso este não seja apropriado para seu negócio em particular.

Nicho do mercado-alvo: suponhamos que você seja um consultor financeiro. É um bom começo. As pessoas sabem que você as ajuda a administrar o dinheiro e os investimentos delas, sabiamente.
Vamos aprofundar esse nicho:

1. Consultor financeiro = bom
2. Consultor financeiro para dentistas = melhor
3. Consultor financeiro para dentistas próximos da aposentadoria = melhor ainda
4. Consultor financeiro para dentistas próximos da aposentadoria que não querem pagar imposto = UAU!

É um nicho de quatro níveis! Chegar a este grau de detalhamento torna seu trabalho repetível e recomendável; as pessoas podem facilmente divulgar o que você faz (e para QUEM) e recomendar essa proposta de valor para outros.

A seguir, estão outras maneiras de esculpir seu nicho.

Se um grupo específico do mercado-alvo não é apropriado para seu negócio, não se desespere! Você também pode criar nichos por:

- Área funcional (por exemplo, você vende para o pessoal do RH, financeiro, TI?).
- Setor (bancos, construção civil, saúde).
- Nível (executivos seniores, estudantes universitários, supervisores).
- Método (dentro da empresa, fora da empresa, virtual, remoto, sob encomenda, em pessoa etc.).
- Mídia (talvez você seja conhecido em sua área específica de expertise como O *podcast,* O *e-zine* ou O blog).

Conclusão: isso não é necessariamente difícil de fazer, mas só você pode tomar as DECISÕES. Hoje é o dia de começar a decidir.

Seus Competidores

Tanto para um teste de realidade quanto para aprender como você poderia fazer "zig" quando a concorrência faz "zag". Dedique algum tempo para avaliar o cenário competitivo de outras empresas e profissionais em sua área de produto/serviço. Uma breve pesquisa no Google deve revelar vários competidores viáveis, em âmbito local, regional e nacional.

Quando você tiver identificado de cinco a sete competidores, estude como eles apresentam sua proposta de valor. O que eles dizem e como dizem? Qual é o ingrediente secreto que estão oferecendo aos compradores e tomadores de decisões? Capture, hoje, o máximo de informações sobre esses concorrentes na forma de anotações, frases curtas e conceitos importantes (e salve os links para referências futuras).

Suas Forças e Ativos

Dada a plataforma que você quer construir, é importante conhecer suas forças e seus ativos. Eles podem ser suas características de personalidade, rede de contatos profissionais, os clientes potenciais e consumidores que você tem à mão, fortes conexões de mídia, qualquer coisa. Anote de três a cinco fatores que colocam os ventos a seu favor, e que podem facilitar sua vida profissional. Faça isso e deixe à vista.

Seus Obstáculos e Pontos Cegos

Igualmente importante para o plano de construção de plataforma é identificar o que está atrapalhando seu caminho ou algo que talvez você precise de uma perspectiva ou suporte externo. Obstáculos são desafios ou fraquezas que você identificou. Mas, não vamos nos aprofundar no lado negativo, embora seja vitalmente importante CONHECER a si próprio para que possa lidar com suas fraquezas ou pontos cegos e não deixar que eles prejudiquem o sucesso de seu negócio. Novamente, procure identificar três a cinco deles e anote!

Já chega por hoje! Vamos abordar a parte II amanhã, mas, até lá, relaxe. Você merece!

DIA 4:

DESENVOLVA UM PLANO DE CONSTRUÇÃO DE PLATAFORMA – PARTE II

Ontem, você fez um belo trabalho detalhando a primeira parte de seu plano de construção de plataforma. Hoje, vamos concluir seu plano de ação inicial operando em:

- Seu Banco de Linguagem de Marketing (incluindo os fatores problema/ganho).
- Seus "argumentos de prova inquestionáveis".
- Suas metas (clientes, dinheiro, receita, projetos).
- Suas estratégias.
- Suas táticas (Como? Quando? Com que frequência? Quem faz?).

Assim como ontem, você deve reservar uma ou duas horas para as tarefas de hoje. Novamente, não recomendo realizá-las todas de uma vez. Em vez disso, divida em intervalos de 30 a 60 minutos, criando pausas para sua intensa atividade cerebral!

Vamos à metade de hoje.

Seu Banco de Linguagem de Marketing (incluindo os Fatores Problema/Ganho)

No Dia 2, você respondeu as Sete Perguntas Sobre *Buyer Persona*. Isto é a primeira metade de seu Banco de Linguagem de Marketing. Boa notícia: você já fez a outra metade desta etapa também!

Gastamos um tempo considerável no Capítulo 12 explorando POR QUE um Banco de Linguagem de Marketing é tão vital para seu sucesso. Talvez você queira rever aquela parte do livro e depois voltar para cá...

Eis a parte final de seu Banco de Linguagem de Marketing: criando seus Fatores Problema/Ganho.

ATIVIDADE:
FATORES PROBLEMA/GANHO DE SEU COMPRADOR

Neste estágio, INVERTA cada argumento de venda, recurso ou benefício para que se posicione como **alívio do sofrimento, solução de um problema e prevenção de pesadelo.**

Lembre-se de usar a verdadeira **linguagem do cliente** (isto é, as palavras dele) – **não** aquele palavreado de marketing comum (veja o capítulo 15).

ATIVIDADE:
INVERSÃO

PARTE 1: SEUS PONTOS POSITIVOS, BENEFÍCIOS e ASPIRAÇÕES

1. ______________________________.
2. ______________________________.
3. ______________________________.

PARTE 2: AGORA DESCREVA O QUE ACONTECE QUANDO OS PONTOS ESTÃO AUSENTES

1. ______________________________.
2. ______________________________.
3. ______________________________.
4.

PARTE 3: USANDO A INVERSÃO, FAÇA AS CONDIÇÕES NEGATIVAS DESAPARECEREM

1. ______________________________.
2. ______________________________.
3. ______________________________.

Sinta-se à vontade para praticar esta atividade com MAIS de três aspectos de marketing. Se chegar a 7, 10 ou até mesmo 15, terá o início de um poderoso arsenal de vocabulário de vendas para usar com seus clientes potenciais!

Seus "Argumentos de Prova Inquestionáveis"

Este é fácil. É como um radar de checagem de fatos para seu marketing. Nós, com muita frequência, tomamos por dado dado adquirido nossa formação, expertise e experiências, mas elas podem ser a fonte mais poderosa e persuasiva de nosso arsenal de marketing.

Seus "argumentos de prova inquestionáveis" são fatos concretos e tangíveis sobre você e seu negócio que fazem diferença no nível de confiança que seu cliente potencial tem você poder entregar o combinado.

A seguir, estão alguns exemplos de diversos empresários, empreendedores e profissionais autônomos com quem trabalhei ao longo dos anos:

- Montou uma empresa aos 14 anos.
- Visitou, pessoalmente, mais de dois mil hospitais, clínicas e consultórios médicos.
- Falou para mais de 100 mil pessoas em 900 seminários ao longo dos últimos 15 anos.
- Premiado do *Atlanta Business Journal,* em 2013.
- Indicado pela National Speakers Association como um dos 25 melhores oradores.
- Proprietário e responsável pela operação da maior agência de publicidade de Houston, aumentando a receita de 2 milhões de reais para 40 milhões de reais, em seis anos.
- Entrevistou mais de 50 CEOs e presidentes de empresas de tecnologia.
- Trinta anos de experiência como consultor financeiro e criador da série de livros e programas de áudio *Small cap business.*

Qualquer coisa que você possa provar tangivelmente, use! Isso conta. Contanto que crie credibilidade, confiança e RELEVÂNCIA (direta ou indireta) para sua Plataforma de Liderança em Pensamento, as pessoas querem saber. Você NÃO deve recear compartilhar suas realizações, seu histórico, suas premiações e experiências.

Suas Metas (Clientes, Dinheiro, Receita, Projetos)
Esta é simples. Com base na receita mensal que você precisa e quer gerar é hora de definir algumas metas. Podem ser em termos de clientes, de projetos, de receita ou lucro, qualquer coisa que você possa monitorar e que tenha um impacto significativo em sua conta bancária.

Como exemplo, compartilho as minhas com você:

1. Trabalhar no mínimo com cinco empreendedores e executivos como clientes únicos em rotação simultânea.
2. Cinco palestras pagas para corporações e associações por mês.
3. Seis programas para grupos com todas as vagas preenchidas (20 pessoas), a cada 12 meses.

ATIVIDADE:
SUAS METAS ESPECÍFICAS

1. ______________________________.
2. ______________________________.
3. ______________________________.
4. ______________________________.
5. ______________________________..

Suas Estratégias (O Que Você se Comprometeu a Fazer)
Pense sobre as atividades de marketing que você acha fáceis, tranquilas e prazerosas. Se gosta de escrever, use estratégias de escrita. Se lhe agrada falar, use aquelas de oratória. Se é um entusiasta de

tecnologia, use as de tecnologia. Isso não é tão complicado. Deixe sua mente brincar e veja o que sai!

Suas táticas (Como? Quando? Com que frequência? Quem faz?)
Quando tiver uma boa quantidade de matéria-prima, comece a pensar sobre como seria seu calendário de marketing. Com base nas estratégias que enumerou, como você criaria ações para cada uma delas? O que você trataria diariamente, semanalmente, mensalmente ou trimestralmente? Quanto você delegaria ou terceirizaria para outros?

ATIVIDADE:
ANOTAÇÕES E PLANOS TÁTICOS PRELIMINARES:

Diariamente, eu irei...

____.

____.

Semanalmente, eu irei...

____.

____.

Mensalmente, eu irei...

____.

____.

Trimestralmente, eu irei...

____.

____.

Os recursos, pessoas e parceiros que eu gostaria de alavancar para fazer isso acontecer são (*webmaster*, designer gráfico, assistente virtual etc.):

1. ______________________________.
2. ______________________________.
3. ______________________________.
4. ______________________________.
5. ______________________________.

As tarefas táticas de marketing em que tenho interesse/disponibilidade de fazer por conta própria são:

1. ______________________________.
2. ______________________________.
3. ______________________________.
4. ______________________________.
5. ______________________________.

Pronto!

Você está fazendo um excelente trabalho criando os alicerces para TODAS as suas atividades de marketing e crescimento do negócio. Isso é importante e vai lhe compensar, em muito, o investimento de tempo, energia e pensamento que está fazendo agora.

Tome uma bebida gelada, por minha conta, esta noite, para comemorar seu bom trabalho de hoje!

DIA 5:

BRANDING PESSOAL, DOMÍNIO E INTERNET

Compre um domínio com seu nome! Caso ele não esteja mais disponível, tente incluir a inicial de seu nome do meio. Mesmo que sua companhia esteja bem estabelecida e tenha um site próprio na internet, VOCÊ deve ter um site seu para seus propósitos de *branding* pessoal, como representante da cara e da voz de seu negócio. VOCÊ é o especialista, não sua empresa despersonificada.

Além disso, não deixe de ter uma conta de e-mail com seu domínio, e reserve algum tempo para configurá-la hoje e poder se comunicar com o mundo como seunome@seunome.com.

Sinceramente, nada soa mais amador que um endereço de e-mail que termina em "@gmail.com" ou qualquer outro servidor que não seja o seu, especialmente quando domínios e contas de e-mail custam menos de 30,00 reais por ano! Não há problema em ter uma conta de e-mail pessoal e uma da empresa. Mas não contate clientes potenciais ou parceiros por sua conta pessoal fazendo com que a primeira impressão deles seja: "Nossa, essa pessoa não tem nem um endereço de e-mail corporativo!"

Reserve uma hora para um brainstorming sobre a PRINCIPAL mensagem de marca (e domínio web) que quer associar a sua Plataforma de Liderança em Pensamento. Tome algumas decisões. Nomes de domínio são baratos e fáceis de comprar. Utilize-se de todos que fazem sentido para você: nomes de seus programas, produtos, serviços, slogans, frases de efeito etc.

Por exemplo, embora todo meu guarda-chuva de negócios esteja sob a marca *Turbine seu marketing já!*, sou dono de domínios para:

- www.marketinglanguagebank.com (a expressão);
- www.davidnewman.com (para eventos de palestras);
- www.teleseminarsforprofit.com (produto);
- www.doitmarketing.com (livro); etc.

Alguns são sites ativos independentes, alguns direcionam para subpáginas, outros, ainda, são domínios que eu queria comprar para reservar a propriedade intelectual na internet para uso futuro. Talvez nunca os use, mas a questão é que eu detestaria ver que OUTRA pessoa tomou posse destes domínios porque eles são parte de minha Plataforma de Liderança em Pensamento!

Ah, e a propósito, também é meu o nome de domínio para www.ThoughtLeadershipPlatform.com. Inventei esta expressão e falo muito sobre ela, portanto quero "possuir" este termo na internet, embora não esteja fazendo nada com ele no momento.

Seu site

Agora, vamos para seu site na internet. Se você está apenas começando, precisa de um. E se está dirigindo uma empresa já estabelecida, talvez queira considerar a construção de um mini site dedicado a seu serviço, produto, programa, nicho ou mercado.

Por exemplo, embora meu site principal seja **www.doitmarketing.com**, também tenho o **www.davidnewman.com**, para onde direciono todos os meus clientes potenciais (e também os existentes) de palestras. Na verdade, apenas redireciono para a página "Speaking" do meu site principal. Faço isso porque é adequado para meu modelo de negócios. (Viu como tudo isso está interligado?)

Como outro exemplo, há alguns anos, quis focar em bancos locais como mercado-alvo para um conjunto específico de projetos, programas e seminários. Então, construí um site separado para isso, que você pode ver ainda (embora não seja mais promovido ativamente): www.ResultsBasedBanking.com.

Em ambos os exemplos, trabalhei junto com um web designer profissional. E essa pode ser uma boa opção para você também, se tiver os recursos financeiros para isso. Definitivamente, é um dinheiro bem gasto. Para os fins deste Plano Inicial de 21 Dias, vamos supor que a grana está curta, portanto você pode, com certeza, iniciar com um site simples "faça você mesmo".

Para começar, gaste algum tempo visitando os sites a seguir para conhecer a maneira mais fácil e rápida de construir o seu próprio site sem a necessidade de um *webmaster* ou um *geek* residente para ajudá-lo:

- www.wordpress.com;
- www.typepad.com;
- www.squarespace.com;
- www.tumbrl.com (produto).

Passe pelo menos 20 minutos em cada um deles. Então, baseando-se em qualquer uma das plataformas que lhe parecer mais fácil e mais compatível com sua competência técnica (se a sua for NULA, recomendo a TypePad!), crie uma conta e fique 45 minutos experimentando os recursos, leiautes e opções para exibir suas páginas web.

Espere dedicar entre duas a três horas, no total, para as tarefas de hoje.

Bom trabalho esta semana! Você é DEMAIS!

DIA 6:

PESQUISA E (RE)DEFINIÇÃO DE SEUS PREÇOS

Pesquise alguns sites de seu setor e diretórios de empresas como a sua. Identifique os preços e faixas de valores de sete a oito companias concorrentes e profissionais em seu campo de atividade, e anote o preço mínimo e o máximo praticados por eles.

Se for difícil encontrar esta informação para seu negócio, talvez você precise convocar algum amigo para fazer o papel de cliente oculto para compilar preços, propostas e informações de competidores locais, regionais e nacionais.

Se você estiver começando, defina uma "âncora" de preço para que tenha um número sólido para cotar seus vários produtos, serviços e ofertas, uma vez que iniciar suas conversas de marketing e vendas.

Caso você já seja um empresário experiente, considere o seguinte: você tem metas mensais de receita, certo? Quando estiver atingindo suas metas consistentemente em seu nível de preço ATUAL durante SEIS MESES CONSECUTIVOS, será hora de aumentar seus valores.

Sim, de verdade!

Muitos empresários ficam presos durante ANOS a níveis de preços muito baixos. Eles conversam com outros empresários que conhecem e percebem que essas OUTRAS empresas estão ganhando de 20% a 50% mais, e não sabem o porquê.

- Empreendedor A: "Bem, em 2005, achei que nossos preços fossem os mesmos."
- Empreendedor B: "Em 2005, eles eram!"
- Empreendedor A: "E o que aconteceu?"
- Empreendedor B: "Eu ouvi David Newman. [Ok. Eu inventei esta parte!] Ao longo dos anos, sempre que atingíamos nossas metas durante seis meses consecutivos, aumentávamos os preços de 5% a 10%. Clientes repetidos ou não notavam ou não se importavam, e se sentiam felizes em continuar escalando conosco. Os clientes novos não conheciam a diferença."

Hoje é o dia de decidir se você quer ser o Empreendedor A ou o Empreendedor B.

DIA 7:

DIA DO ARTIGO

Nenhuma tarefa de marketing nova para hoje. Em vez disso, você vai focar 100% de sua energia em pensar sobre algumas ideias para artigos e escrever dois ou três deles. Esses textos serão uma parte importante de sua Plataforma de Liderança em Pensamento e um arsenal contínuo de marketing.

Brainstorming de Tópicos e Títulos para Artigos

Comece sentando-se com uma folha de papel em branco e usando os pontos de partida para as ideias a seguir, anote de três a cinco tópicos ou títulos potenciais baseados em sua expertise ou em alguns trabalhos bons que já realizou desde que começou a ler este livro.

Lembre-se de que seus artigos devem ter como foco abordar os desafios, problemas e deficiências mais comuns de sua *buyer persona.* Quais são as angústias e dificuldades pessoais e profissionais para as quais eles querem respostas? Em que áreas eles estão ávidos por estratégias e táticas?

A seguir, estão algumas sugestões comprovadas para títulos de artigos que você pode usar e adaptar para sua primeira leva de textos.

1. Como...
2. Cinco estratégias...
3. Três chaves...
4. O problema número um com... E como solucioná-lo.
5. Desvendando seu...
6. As três principais armadilhas de [tópico] e como evitá-las.
7. Dez dicas para...
8. Tudo o que você sabe sobre [tópico] está errado.

Escrevendo um Artigo

Escreva artigos com 400 a 600 palavras. São curtos o bastante para capturar a atenção de seus clientes potenciais e longos o bastante para expor um argumento principal e demonstrar sua expertise com três a cinco dicas, ideias ou indicadores de respaldo.

Se você é como a maioria dos empresários, empreendedores e profissionais autônomos, a parte mais difícil do processo de escrever é na realidade sentar e começar. Então, estou aqui para lhe apoiar.

SENTE-SE!

COMECE!

Bom trabalho. Parabéns pela conclusão das tarefas de hoje.

DIA 8:

DIA DE DESCANSO

Pare. Descanse. Relaxe. Hoje é um dia de "espaço em branco" para que você possa comemorar seu progresso até agora. Você andava louco para não fazer nada? Sair por aí, sem hora? Ver um filme? Levar o cachorro para um longo passeio no parque? Curtir um dia de spa? Comer pizza, chocolate e sorvete na frente da TV?

Hoje é o dia. Turbine!

Aproveite!

DIA 9:

CONSTRUA OU REVEJA SEU WEBSITE

Se você está apenas começando – ou recomeçando – seu negócio, vamos focar bastante tempo, energia e amor na construção de seu site, baseado no blog, usando a plataforma fácil de gerenciar que você escolheu no Dia 5.

Caso já tenha um negócio estabelecido, talvez não precise construir nada novo. Hoje, vai focar em revisitar e revisar seu site para que articule da melhor maneira possível sua excepcionalidade!

Para fins desta tarefa, vou supor que você está construindo sua presença na internet, simplesmente porque minhas instruções são mais detalhadas para a construção, mas você pode usar estas ideias para uma revisão também.

A seguir, estão os ingredientes para empreendedores, empresários e profissionais autônomos construírem um website que transmita credibilidade:

- **Sobre:** informações sobre suas credenciais e experiência.
- **Contato:** e-mail, telefone, fax e endereço.
- **Serviços/produtos:** uma lista de seus serviços, produtos, programas e tipos de projetos disponíveis. Eu, pessoalmente, gosto de ter uma página individual para cada serviço que estou promovendo, para poder fornecer mais detalhes e mais informações aos clientes potenciais. No momento, você poderia, apenas, incluir descrições em suas páginas principais de serviço/produto para simplificar as coisas.
- **Recursos/artigos:** artigos publicados, dicas, ferramentas, downloads, vídeos, áudios e outros conteúdos valiosos.
- **Notícias/blog.**
- **Clientes/consumidores/exemplo de projetos:** uma lista de clientes/projetos atuais e antigos, se proporcionarem credibilidade adicional a seu trabalho (talvez você queira incluir um breve testemunho em cada página de seu site).

DIA 10:
CONSTRUA *INBOUND* LINKS (*BACKLINKS*)

Se você vem incrementando, em tempo real, seu site está pronto para o horário nobre. E se sua página já está a pleno vapor, é hora de promovê-la mais sistematicamente do que vinha fazendo.

A meta hoje é simples: faça com que sua rede de relacionamentos atual conheça seu site (novo ou revisado). Você vai divulgá-lo com as pessoas que conhece, colegas e membros de seu mercado-alvo. Essas redes não gerarão novos negócios se ninguém souber exatamente o que você oferece. É hora de ajudá-los a descobrir!

O exercício de hoje é fácil. Você vai adicionar o link para seu site profissional em, no mínimo, dez sites de *networking*.

A seguir, estão alguns exemplos para começar:

- Assinatura em fórum (não faça spam em fóruns iniciando *threads* ou postando só para criar um link para seus sites).
- Comentários que deixa em blogs relevantes do setor, aqueles sobre tópicos específicos ou os profissionais em seu campo de atuação.
- Seu perfil em sites de mídia social (LinkedIn, Facebook, YouTube, Pinterest e/ou outras redes profissionais e de setor).
- *Posts* em grupos do LinkedIn relevantes para sua expertise, mas somente quando você postar uma resposta rica em conteúdo para a pergunta de alguém.
- Críticas sobre livros em sites de grandes livrarias, ou ainda guias do tipo "Então você quer saber como".
- Sua conta no Twitter (anuncie que seu site acabou de ser lançado e crie um link para promover um de seus recursos grátis).
- Uma lente no Squidoo ou em um site semelhante, ou em uma página que você pode criar de graça para começar (visite www.squidoo.com, para fazer isso).
- Seu perfil on-line na associação profissional da qual é membro.

A tarefa de hoje deve ser fácil e divertida.

Reserve três horas para pesquisar os melhores lugares para deixar sua marca e assim construir seu link nessas páginas com algumas contribuições valiosas. Até mesmo uma breve nota, comentário, lista de livros ou sugestão tem valor. Lembre-se: nada de spam ou promoções de vendas disfarçadas!

DIA 11:

MONTE SUA APRESENTAÇÃO BÁSICA

Hoje você criará de 20 a 25 slides no PowerPoint, ou outro aplicativo qualquer, para produzir sua primeira ou (outra) apresentação magnetizadora de clientes que lhe posicionará como especialista em seu campo.

Nota: este é um exercício tremendamente útil, caso você planeje ou não usar um programa como o PowerPoint como ferramenta de suporte de apresentação enquanto fala.

Pense em termos de cada slide representando um capítulo completo que consiste em:

- Sua filosofia principal.
- Um fato conhecido ou dica que beneficia seu mercado-alvo.
- Uma história de sucesso de um de seus clientes.
- Uma metáfora ou analogia que traga um ponto-chave.
- Uma estatística surpreendente (ou pouco conhecida) e suas implicações.
- Um dos pontos de sua Plataforma de Liderança em Pensamento.

Dica: NÃO pense em colocar marcadores nos slides (você pode acrescentar um texto ou observações na área de Notas, no final de cada slide). Pense nos CONCEITOS, IDEIAS e IMAGENS de todos os slides.

A tarefa de hoje deve levar de duas a três horas, **e**, se você estiver fazendo certo, será divertida, estimulante e envolvente.

Tenha um excelente dia e DIVIRTA-SE.

ATIVIDADE:
UM POWERPOINT REALMENTE RUIM

Para tornar este processo fácil e eficiente, baixe uma cópia digital grátis de *Really bad PowerPoint,* de Seth Godin e aplique todos os princípios e diretrizes em SUA apresentação (http://bit.ly/sethppt [em inglês])

DIA 12:
PREPARE UM RESUMO CONCISO DE SUA APRESENTAÇÃO

Agora que sua "apresentação conceito" já adquiriu algum contexto e formato, você pode criar um resumo, de uma página, de sua palestra. Grupos locais de *networking,* câmaras de comércio e divisões de associações gostam de ver este tipo de resumo antes de contratá-lo a falar para os clientes potenciais selecionados a dedo de seu mercado-alvo. Use um editor de texto como o Microsoft Word ou pague um designer para formatar o documento profissionalmente.

Os elementos fundamentais são:

1. um ou mais tópicos/programas;
2. público-alvo;
3. benefícios (especialmente em títulos e nomes de programas);
4. sua minibiografia;
5. uma lista de amostra de clientes;
6. testemunhos sobre a qualidade de seus programas;
7. suas informações de contato.

DIA 13:
ENCONTRE LEADS PARA PALESTRAS E LUGARES PARA FAZER SUA APRESENTAÇÃO MAGNETIZADORA DE CLIENTES

Volte aos capítulos 25 e 26 para recordar como identificar, focar e conectar-se com um público formado por clientes potenciais de alta probabilidade. Esses grupos em escopo podem ser locais, regionais e nacionais; podem estar muito perto; ou, dependendo do tipo do seu negócio e dos clientes potenciais, pode valer a pena tomar um avião para ir visitá-los.

ATIVIDADE:
ENCONTRAR LEADS PARA PALESTRAS

Encontre dez leads novos em pesquisas no Google combinando termos como: [profissão] [anual] [convenção] [conferência] [conferência estadual] [cidade] [estado] [ano].

A seguir, estão alguns exemplos:

- Conferência Anual de Contabilidade.
- Convenção do Setor de Saúde 2014 (se você vende produtos/serviços para o setor de saúde).
- Conferência Estadual de Seguros de São Paulo.

FAÇA ISSO AGORA. Agende um tempo em seu calendário para ligar ou enviar um e-mail que crie abertura para uma conversa a fim de explorar se você é adequado para o próximo evento deles!

DIA 14:
PEÇA AR – ACONSELHAMENTO E RECOMENDAÇÕES – E INSIGHTS

Você já fez um bom trabalho e agora deve formar seu time de defensores, aliados, amigos, colegas e outros a quem conhece e que amam você.

Diga a eles o que está fazendo, a quem deseja atender e quem gostaria de conhecer ou ser apresentado. Compartilhe com eles também o tipo de grupos de *networking* e associações para quem gostaria de fazer uma apresentação.

Então, como recomenda meu amigo Michael Goldberg, especialista em marketing de recomendação e *networking*, peça a eles aconselhamento e recomendações (A-R) e insights também. Esta é a frente na qual sua estratégia inicial de marketing de *networking* e recomendações vai agir. À medida que conhecer novos tomadores de decisões e influenciadores, você continuará construindo sua rede de conexões.

DIA 15:

DIA DE SUBMETER O ARTIGO

A esta altura, você já deve ter dois ou três artigos escritos e prontos, com base em seus esforços do Dia 7. Agora, é hora de oferecê-los a publicações relevantes, revistas de negócios e profissionais, sites e associações de seu mercado-alvo.

ATIVIDADE:

MODELO DE SUBMISSÃO DE ARTIGO

Envie um e-mail simples seguindo o modelo abaixo:

Caro Bob,

Estou escrevendo para submeter os diversos artigos em anexo para sua apreciação para [publicação].

Caso considere um ou mais deles úteis para você, sinta-se à vontade em usá-los conforme suas necessidades editoriais ditarem. Apenas me envie um e-mail avisando quando decidir usar algum deles.

Se desejar que eu redija um artigo sobre algum assunto específico de sua escolha, por favor, não hesite em me contatar.

Atenciosamente,
[VOCÊ]
[e-mail] [telefone]
[URL do seu site]

Envie e-mails como este para ao menos 20 publicações dirigidas ao seu mercado-alvo, setor e/ou *buyer persona*.

Se você contatar publicações de associações estaduais, nacionais e de nichos setoriais dedicadas a seu público, tópico ou campo TERÁ seu artigo publicado e ESTABELECERÁ relacionamentos com os editores responsáveis e a editora.

Além disso, agora você está se posicionando e a sua empresa como especialistas, aos quais se pode recorrer, perante pessoas com capacidade de comprar seus produtos, serviços e programas.

Estudos têm demonstrado há anos que a mídia GANHA (artigos escritos POR você, SOBRE você) acumula um poder aproximadamente 20 VEZES maior que a mídia PAGA (isto é, publicidade).

Pense sobre isso da seguinte maneira: você prefere pagar oito mil reais por um anúncio de página inteira em uma publicação líder em seu setor e que as pessoas apenas olham por cima OU prefere ser o especialista que escreveu o artigo de primeira página que seus clientes potenciais vão ler, realçar trechos, arrancar e guardar, fazer uma cópia e distribuir no escritório?

Já imaginava. É por isso que, a partir de hoje, você pode tornar o marketing com artigos parte permanente de sua estratégia de negócios.

DIA 16:
DIA DE DESCANSO

- Faça algo que realmente gosta.
- Coma alimentos saudáveis.
- Divirta-se.

Você tem trabalhado duro, merece uma parada. Temos cinco dias pela frente e você está indo muito bem!

DIA 17:
DIA DO DESENVOLVIMENTO DE PRODUTO

Muitos empresários, empreendedores e profissionais autônomos alegam que poderiam fechar todos os negócios que desejassem SE AO MENOS conseguissem ter uma reunião frente a frente ou voz a voz com mais clientes potenciais.

Quando pergunto a meus clientes de marketing e aos participantes de seminários por que acham que isso é verdade, a resposta frequente é: "As pessoas não enxergam valor no que fazemos a menos que eu passe 20 minutos esclarecendo conceitos errados, compartilhando alguns insights e ideias valiosos e respondendo suas perguntas."

Assim que digo que este processo pode ser automatizado e expandido com um simples produto de informação, o rosto da maioria dos empresários se ilumina com o poder de geração de receita desta ideia.

O produto mais simples e fácil de criar é um programa de áudio de 30 minutos com os melhores insights e conselhos que você ofereceria em pessoa para um cliente potencial interessado.

Como você já criou sua "apresentação conceito", vamos nos concentrar na elaboração do seu primeiro áudio.

ATIVIDADE:
CRIANDO SEU ÁUDIO

Tomando como base suas melhores ideias e dicas mais valiosas, você está pronto para gravar um áudio de qualidade, seja em um gravador digital portátil ou diretamente em seu computador, usando um bom microfone USB. A vantagem de usar um computador e um bom microfone é que você poderá utilizar o melhor software gratuito de gravação digital e edição – Audacity – para fazer sua gravação parecer profissional.

Quando terminar de gravar, use-o para editar seus marcadores conversacionais ("hmmm", "aaah") tosses, pigarros e retomadas. Em seguida, salve seu áudio editado. (Baixe e experimente o Audacity em http://audacity.sourceforge.net/).

Para completar seu pacote de produto, faça a transcrição do áudio. Você pode também pagar alguma empresa para fazer este serviço.

Divirta-se um pouco em seu dia de desenvolvimento de produto e não se esqueça de incluir muito de SUA personalidade na gravação. Afinal, sendo um especialista, ESTE é seu ingrediente secreto!

P.S.: está se sentindo perdido? Use a matéria-prima que desenvolveu nos capítulos 12 a 16 como ponto de partida para seu roteiro.

DIA 18:
CRIE SEU E-MAIL E SUA PLATAFORMA DE CONSTRUÇÃO DE LISTAS

Uma vez que você tem algo a dizer – e vender – sua próxima tarefa é criar uma conta na Exact Target, por exemplo.

ATIVIDADE:
MARKETING INTELIGENTE POR E-MAIL

Quando tiver instalado e criado sua conta na Exact Target, inclua em seu site uma caixa para *opt-in* "Receba nossos emails". Este *opt-in* permite que você capture endereços de e-mail a partir de seu site.

Customize a caixa com os estilos que mais combinam com seu site. Estilos incluem formulários, botões e links de texto em diversas fontes e cores. A Exact Target torna este processo muito simples e amigável.

Em seguida, importe seus contatos iniciais de programa de e-mail (Outlook, Outlook Express, Gmail, Yahoo Mail etc.), gerenciador de contatos e seu banco de dados de automação de vendas, dependendo de qual você usa.

Não deixe de segmentar seus contatos em diferentes listas para aumentar a eficiência. Por exemplo, crie três listas separadas: uma para seus distribuidores, uma para seus clientes e uma para pessoas que optam por receber e-mails do seu site.

DIA 19:

DIA DA MÍDIA SOCIAL

Hoje você criará (ou se "reengajará" em) suas contas de mídia social. Vamos focar nas quatro mais importantes para começar.

ATIVIDADE:

CRIAR CONTAS DE MÍDIA SOCIAL

Antes de criar contas de mídia social passe algum tempo se familiarizando com elas:

- LinkedIn.
- Facebook.
- YouTube.
- Twitter.

DIA 20:
CRIE SEU ORGANOGRAMA EMPRESARIAL

Segundo o Sebrae-NA existem 6,4 milhões micro e pequenas empresas e empreendedores individuais no País, e destas 3,7 milhões não possuem empregados, o que significa que são companhias com UMA única pessoa: o proprietário. (Fonte: www.sebraesp.com.br/index.php/234-uncategorised/institucional/pesquisas-sobre-micro-e-pequenas-empresas-paulistas/micro-e-pequenas-empresas-em-numeros)

Com base nestes números, fica claro que algumas poucas pequenas empresas possuem empregados; grande parte, não.

Ao mesmo tempo, pouquíssimos proprietários BEM-SUCEDIDOS dentre esses negociantes solo o conduzem SOZINHOS.

Eles trazem ajuda de: estagiários, trabalhadores em meio período, consultores profissionais e parceiros de terceirização.

Hoje, dando prosseguimento ao tema de levar seu negócio a SÉRIO, você criará um mapa de sua organização virtual, incluindo um conselho de administração e posições que poderá preencher externamente, internamente ou em meio período.

ATIVIDADE:
SEU ORGANOGRAMA DO FUTURO

No topo do organograma está a caixa para VOCÊ; você é o CEO.

Depois comece a preencher os papéis e funções (não as pessoas específicas ainda) que gostaria de ter em sua equipe. PENSE GRANDE aqui.

IMAGINE que dinheiro não é problema, que você acaba de ganhar na loteria!

Não se preocupe com ONDE vai encontrar essas pessoas. Não se preocupe com QUANTO vai pagar para elas. Não se preocupe com COMO vai mantê-las ocupadas.

Agite sua varinha de condão e coloque-se no comando de um negócio multimilionário, e vamos definir quem vai fazer parte DESSE time.

A seguir, estão algumas ideias para você:

- contador/tesoureiro;
- advogado/assistente jurídico;
- gerente de marketing/vendedor;
- assistente administrativo;
- gerente de desenvolvimento de produto;
- guru de tecnologia/*webmaster;*
- estagiário(s) – um ou mais, dedicados a tarefas específicas;
- escritores/ghost-writter/gerente de blog;
- relações públicas/gerente de mídia;
- conselho administrativo: inclua aliados, defensores, clientes de longa data, empresários colegas, amigos corporativos etc.

Quando tiver todas essas caixas organizadas em uma folha de papel (ou melhor ainda, em um *flipchart* com marcadores coloridos) é hora de pensar...

ESPERE!

Antes de fazer qualquer outra coisa, considere algo que descobri ser 100% verdadeiro ao conduzir meu PRÓPRIO negócio e ajudando centenas de outros empresários e executivos: **VOCÊ não vai chegar a nenhum outro lugar diferente daquele em que está agora.**

O que ISSO quer dizer? Se você está dirigindo um negócio de 100 mil reais e quer chegar a um de 500 mil reais precisa começar a pensar e agir como o dono de um negócio de 500 mil reais, HOJE.

Se atualmente está gerenciando um negócio de 500 mil reais e quer chegar a um de 2 milhões de reais – já adivinhou – precisa começar a pensar e agir como o CEO de um negócio de 2 milhões de reais. Agora, HOJE!

Então tome ESSAS decisões.

Encontre e CONTRATE essas pessoas.

Vá atrás e conquiste ESSES clientes e contratos.

Não espere. Não adie até adquirir mais credenciais, mais negócios, mais experiência e mais confiança. AJA COMO SE JÁ FOSSE. Caso contrário, vai permanecer onde está. Não estou dizendo que isso é ruim. Só afirmo que é verdadeiro, com base em tudo o que já vi, experimentei e com o que trabalhei para outros empreendedores de sucesso.

DIA 21:

VOCÊ CONSEGUIU!

Parabéns! Seus primeiros 21 dias de trabalho foram intensos e cheios de ação.

Agora, a pergunta passa a ser: "Como você mantém e aumenta seu ímpeto?"

Você começou este programa com nada, e fez um progresso SURPREENDENTE.

Se iniciou este programa como um empresário já estabelecido, fez alguns ajustes e mudanças para aprimorar sua Plataforma de Liderança em Pensamento e suas ferramentas de marketing. Maravilhoso!

Eis a dificuldade: não importa se você vem fazendo isso há 21 dias ou há 21 anos, agora seu desafio é continuar ávido, e não arrogante ou complacente. O principal mantra é: "Comece com zero todos os dias." Considere praticar este exercício a cada manhã.

ATIVIDADE:

COMECE COM ZERO TODOS OS DIAS

Finja que é seu primeiro dia no negócio. Você não tem um histórico. Não tem bagagem. Não tem clientes, nem consumidores, nem etiquetas, nem marca, nada.

O que você faria?

Medições e métricas para começar o monitoramento HOJE (receita, clientes, horas, projetos, lucro etc.):

Projetos para começar HOJE:

Aliados ou colegas para contatar HOJE:

Metas e tarefas para HOJE:

SEU MANUAL *TURBINE SEU MARKETING* DE 21 DIAS

Depois de completar seu Plano Inicial de 21 dias, você pode começar a trabalhar em seu manual *Turbine seu marketing* de 21 dias. **Ele servirá como seu plano de marketing perpétuo, aquele que você poderá usar todos os dias.**

Não espere nem mais um minuto. Quer você implemente as estratégias de seu manual por conta própria ou com um *coach* ou com um parceiro essas estratégias foram desenhadas para lhe proporcionar a estrutura, as ferramentas e a orientação focada de que você precisa para abordar suas tarefas de marketing de uma maneira totalmente nova.

A questão é que você agora está por conta própria. Só depende de VOCÊ:

- Ganhar seu sustento a cada dia.
- Entregar sua mercadoria a cada dia.
- Colocar novos alvos em seu radar diariamente.

Se eu lhe puder ser útil de alguma forma no futuro, POR FAVOR não hesite em me contatar.

Além disso, eu INSISTO que você me ligue ou envie um e-mail para comemorar suas histórias de sucesso. Seja na semana que vem, no mês seguinte ou no próximo ano, adoraria receber notícias suas sobre uma ferramenta específica, uma estratégia ou uma ideia que USOU e que funcionou maravilhosamente para você e seu negócio.

E, é claro, VOCÊ vai receber todo o crédito porque saltou das IDEIAS para a AÇÃO... E porque **somente ação cria resultados!**

Comporte-se. Estou de olho em você.

Tudo de bom,

David

E-mail: David@doitmarketing.com.
Tel.: +00 1(610) 716-5984

AGRADECIMENTOS

Meu primeiro agradecimento vai para VOCÊ, por ter comprado este livro, por lê-lo e por aplicar as estratégias, táticas e ferramentas para expandir seu negócio.

Em seguida a você, é difícil enumerar todas as pessoas, amigos, clientes, colaboradores, mentores, conselheiros confiáveis e apoiadores que tornaram esta obra – e todo o restante de meu trabalho – tão fácil, tranquilo e prazeroso. Ao contrário de alguns autores que nem mesmo tentam, aí vai.

Primeiro, gostaria de agradecer a meus pais por não terem infartado quando anunciei que estava largando o curso preparatório para Medicina no Franklin & Marshall College para perseguir uma carreira no teatro. **Agradeço ao Dr. Gordon Wickstrom** que modelou o maior dos dons: de catalisar o que existe de melhor nos outros, fazendo com que se sintam pessoalmente importantes e profissionalmente capazes. O que você obtém quando cruza a cura com o drama? Obviamente, obtém marketing.

Minha incrível parceira, Vanessa Christman, que faz jus a uma tonelada de créditos por permanecer junto a seu marido lunático nos bons e nos maus momentos, na "abundância" (a circunferência de minha cintura) e na escassez (meus cabelos ralos). Sem você, nada disso teria um pingo de diversão. De verdade.

A meus dois filhos incríveis, Becca e Charlie, Woofie (o Cão Maravilha) e Mimi (o gato) também enfrentaram momentos heroicos comigo muito antes, durante e depois de eu escrever este livro. Amo loucamente todos vocês.

Profissionalmente, a lista é ainda mais longa. Meu muito obrigado a meu agente Michael Snell. Ele faz negócios à moda antiga e isso funciona extremamente bem. Sou grato ao amigo Gene Marks por compartilhar a genialidade de Mike comigo.

E para vocês aspirantes a autor ou autores experientes – especialmente para aqueles de vocês, que como eu, detestam ser editados – conheçam meu extraordinário editor, Christopher Murray. Chris "entendeu" este livro desde o princípio, e foi um incrível colaborador, organizador e defensor das ideias sobre construção de negócios que eu quis compartilhar com você. Encontre Chris on-line em www.chrismurrayeditor.com, e coloque seu projeto nas mãos de um editor extremamente perspicaz e o melhor amigo que sua escrita pode ter.

Agradeço profundamente ao Dr. Michael Ray da Escola de Administração de Stanford por me apresentar o curso de mestrado Criatividade nos Negócios, que mudou a minha vida. O grande conselho que me deu foi: "Pare de começar coisas e passe a realmente fazê-las." O DNA da sabedoria de Michael faz parte do meu trabalho, da minha vida e por extensão deste livro.

Agradeço aos colegas de minha época corporativa: Sandy Frick, Trish Koons, Neal Duffy, Kim Nuzzaci e Benjamin Laden que foram loucos o bastante para me contratarem, trabalharem comigo e me recrutarem de um trabalho para outro ao longo de dez anos. Não sei o que vocês estavam pensando, mas sou grato por tudo o que nos divertimos trabalhando.

Agradeço a quatro pessoas muito especiais que me ajudaram em cada momento de minha jornada empreendedora, incluindo os bons, os maus e os feios: em mente (Terry Fisher), em corpo (Nick Odorisio), em espírito (Scott Simons) e na carreira (Ford R. Myers).

Meu envolvimento na National Speakers Association (NSA) e na Canadian Association of Professional Speakers (CAPS) tem sido uma fonte inestimável de inspiração, insights e amizades. Agradeço a meus mentores, modelos e amigos: Laurie Brown, Gideon Grunfeld, Michael Roby, Kirstin Carey, Steve Coscia, Avish Parashar, Michael Goldberg, Todd Cohen, Brian Walter, John Reddish, Marvin LeBlanc, Carol Fredrickson, Tom Stoyan, Toni Newman, Brian Lee, Scott McKain, Alan Zimmerman, Frank Bucaro, LeAnn Thieman, Thorn Winninger, Patricia Fripp, Alan Weiss, Bob Burg, John Jantsch, David Meerman Scott, Brian Tracy, Randy Gage e Jeffrey Gitomer.

Agradeço a vocês parceiros e amigos de meu birô de palestras: Andrea Gold, Shawn Ellis, Katrina Mitchell e Nancy Vogl. Vocês são as pessoas mais dedicadas do negócio e modelos de excelência e integridade em tudo o que fazem.

Agradeço a meus colaboradores especialistas: Jay Baer, Scott Ginsberg, Corey Perlman, Dan Janal, Mark LeBlanc, Barry Moltz, Mark Hunter, Henry Devries, Tom Searcy, Melinda Emerson, Stephanie Chandler, Mary Foley, Gene Marks e Viveka Von Rosen. Vocês são super-heróis, cada um em seu domínio, e eu aprecio imensamente sua generosidade de expertise.

Agradeço a meus colegas da Vistage International, a maior organização do mundo de grupos de CEOs: Jose Palomino, Gerry Lantz, Chris Farias, Scott Messer, Brian Carney, Skip Lange, Carl Francis, Marcia O'Connor, Michael Gidlewski, Steve Van Valin e Jim Lucas. Vocês compartilharam seus insights e conselhos comigo mesmo quando eu não queria ouvi-los, não os segui e não queria acreditar neles. No entanto, vocês estavam certos em quatro de cinco vezes. Estou aprendendo.

Agradeço aos membros atuais e antigos do meu time. Especialmente à Catherine Bernard, a ultraincrível Katie Hanna, à superprodutiva Rachel Rodden, vulgo "o membro da equipe que escapou". Adoro trabalhar com vocês e valorizo a todos mais do que podem imaginar.

Agradeço a meus maravilhosos clientes. Cara, quando você trabalha este programa funciona! Sou eternamente grato por sua confiança, por fazerem negócios comigo, por sua amizade e pelo crédito que vocês dão ao nosso trabalho e por fazê-lo consistentemente, inteligentemente e corajosamente. Vocês são a personificação de meu mantra: "Somente ação cria resultados." Muito obrigado pelo privilégio de trabalhar junto a vocês conforme criam seu próximo nível de sucesso.

Obrigado por lerem!

ÍNDICE REMISSIVO